La Grammaire par les exercices

2de 1re

Conforme au Programme 2019

Cahier d'EXERCICES

Joëlle PAUL
Certifiée de lettres classiques

Les cahiers de français
bordas
éditeur

Sommaire

Étudier et pratiquer la grammaire

Identifier la nature et les fonctions des mots

Construire des phrases

Conjuguer et employer les verbes

Comprendre la cohérence d'un texte

Couverture : Voltaire © BIS / Ph. Archives Nathan. Sand © BIS / Ph. Coll. Archives Larbor. Rimbaud : BIS / Ph © Étienne Carjat - Archives Larbor. Colette : photo A. Harlingue / © Roger Viollet.

 • ISBN 978-2-04-733777-6

MIXTE
Papier issu de sources responsables
FSC® C022030

Bordas est un éditeur qui s'engage pour la préservation de l'environnement et utilise du papier issu de forêts gérées de manière responsable et d'autres sources contrôlées.

Imprimé en France en octobre 2020 par Imprimerie de Champagne, imprimeur certifié IMPRIM'VERT®
N° de projet : 10267299
Dépôt légal : avril 2020

Orthographier et ponctuer les textes

Comprendre et s'approprier le vocabulaire

Préparation au BAC

Vérifier ses acquis

Se préparer à la question de grammaire

S'entraîner à l'oral

Conseils pour réussir sa prestation orale, exercices d'entraînement et grilles d'évaluation (vidéos et fiches d'exploitation pdf)

▶ **Tuto :** lire un texte littéraire

▶ **Tuto :** l'épreuve orale de français : l'explication de texte

▶ **Tuto :** l'épreuve orale de français : l'entretien

Vous pouvez accéder à ces ressources :

➥ depuis un smartphone ou une tablette grâce à l'application Bordas Flashpage.

1. **Téléchargez** l'application Flashpage sur votre smartphone ou tablette. L'application est gratuite.
2. **Scannez** cette page.
   Positionnez votre appareil au-dessus de cette page et flashez la page entière en appuyant sur le bouton 👁. L'appli reconnaîtra la page.

➥ sur le site **lycee.editions-bordas.fr**

1
Synthèse

La nature des mots

Retenir et s'exercer

Corrigés des exercices 1 à 4, p. 90

- La **nature** d'un mot correspond à la **classe grammaticale** à laquelle il appartient.

les mots variables		exemples
les verbes	• d'action • d'état • attributifs	*faire, commencer, partir...* *être, devenir, sembler, paraître...* *avoir l'air, passer pour, s'appeler...*
les noms	• communs • propres • animés / non animés • concrets / abstraits	*le vent, l'amitié, une vie, ce livre...* *Diderot, Arctique, Vienne...* *un insecte, un auteur / la route, un poème...* *le vent, un parfum / la liberté, la peur...*
les déterminants	• les articles définis indéfinis partitifs • les déterminants démonstratifs • les déterminants possessifs • les déterminants indéfinis • les déterminants interrogatifs / exclamatifs • les déterminants numéraux	*le, la, les, l', au, aux, du, des* *un, une, des* *du courage, de la neige, de l'eau* *ce, cet, cette, ces (+ -ci, -là)* *mon, ma, mes, ton, sa, notre, vos, leur(s)...* *quelques, plusieurs, chaque, tout...* *quel, quels, quelle, quelles* *deux, vingt, trente-trois...*
les pronoms	• personnels • démonstratifs • possessifs • relatifs • indéfinis • interrogatifs • numéraux	*je, me, toi, il, lui, nous, elles, eux...* *celui, celle, ceux (+ -ci, -là), ceci...* *le mien, la nôtre, les leurs...* *qui, que, dont, où, lequel, auquel...* *certains, chacun, quelques-uns...* *qui, que, quoi, lequel, lesquelles...* *Je prends les quatre.*
les adjectifs		*un texte inédit, vous êtes habiles*

1 **a. Soulignez les noms communs concrets.**

Le cœur d'Emma lui battit un peu lorsque, son cavalier la tenant par le bout des doigts, elle vint se mettre en ligne et attendit le coup d'archet pour partir. Mais bientôt l'émotion disparut ; et, se balançant au rythme de l'orchestre, elle glissait en avant, avec des mouvements légers du cou.

Gustave Flaubert, *Madame Bovary*, 1857.

b. Relevez un nom abstrait : .... • **c. un nom animé :** ....

d. Surlignez un adjectif. • **e. Entourez les verbes.**

2 **Soulignez les déterminants et indiquez leur nature précise.**

Rimbaud écrit ses premiers poèmes à quinze ans. Toute l'œuvre de cet immense poète a été conçue en seulement quelques années.

....

3 **Soulignez les pronoms et indiquez à quelle catégorie ils appartiennent.**

Tout ce que vous avez demandé est là. Rien ne manque. Que souhaitez-vous de plus ?

....

....

les mots invariables		exemples
les adverbes	• d'intensité • circonstanciels • négatifs • interrogatifs • de liaison • modalisateurs	*beaucoup, peu, très, trop, tant...* *souvent, dehors, vite, bien...* *ne... pas, ne... jamais, ne... plus...* *où, quand, comment, pourquoi...* *puis, ensuite, en effet...* *hélas, sans doute, certes...*
les prépositions		*à, de, sur, pour, par, avec, sans, dans, en, sous, chez, afin de...*
les conjonctions de coordination		*et, ou, ni, mais, or, car, donc*
les conjonctions de subordination		*quand, lorsque, parce que, pour que, afin que, bien que, de façon que...*
les interjections et les onomatopées		*Oh ! Ouf ! Aïe ! Stop ! Crac...*

4 a. **Soulignez les mots invariables.**

Il aimait Laurent pour ses farces qui le faisaient rire. Puis il secoua sa femme qui tenait les yeux fermés ; lorsque Thérèse se fut dressée et qu'elle eut secoué ses jupes, fripées et couvertes de feuilles sèches, les trois promeneurs quittèrent la clairière, en cassant les petites branches devant eux.

Émile Zola, *Thérèse Raquin*, 1867.

b. **Classez-les dans la bonne catégorie.**

prépositions : ....
• **adverbe de liaison :** ....
conjonctions de subordination : ....
• **conjonction de coordination :** ....

S'entraîner pour le BAC

REPÉRAGE ET MANIPULATION

5 Depuis une demi-heure, l'idée qu'il ne se trouvait pas seul entre ces murs le troublait sans qu'il voulût en convenir. [...] Cela ressemblait à une présence éparse dans la nuit, et elle était autour de lui à la façon de l'air. **Il ramassa sa couverture qu'il jeta sur ses épaules** et fut s'asseoir près de la fenêtre, sur la chaise à bascule qui s'inclina en arrière sous le poids de son corps. La rue était nettement visible, tout au bout du jardin, entre les arbres qui se détachaient en noir sur le fond un peu plus clair du ciel.

Julien Green, *Moïra*, © Librairie Arthème Fayard, 1997.

a. **Classez ci-dessous les mots soulignés du texte.**

verbes : ....
• **noms :** ....
adjectifs : ....
• **pronoms :** ....
déterminants : ....
• **prépositions :** ....
conjonction de subordination : ....
• **conjonction de coordination :** ....
adverbes : ....

b. **Réécrivez le passage en gras en remplaçant *Il* par *Ils*.**

....

....

ÉCRITURE

6 **Imaginez une phrase qui pourrait suivre l'extrait ci-dessus.**
Indiquez la nature de chaque mot utilisé.

2 Les fonctions liées au nom, à l'adjectif et au pronom

Retenir et s'exercer

Corrigés des exercices 1 à 5, p. 90

Les fonctions liées au nom

- Un nom peut être accompagné d'expansions qui précisent ou complètent son sens.
Il est alors le noyau d'un **groupe nominal** (GN).

Nom +
- épithète — *Regardons ce vieux film.*
- complément du nom (CDN) — *Ils regardent un film en noir et blanc.*
- complément de l'antécédent — *Ils ont choisi un film qui a reçu un prix.*
- apposition — *Envoûtant, le film les tient en haleine.*

1 Chacune de ces définitions correspond à une fonction de l'encadré ci-dessus. Retrouvez cette fonction.

1. Nom, GN, adjectif, groupe adjectival, infinitif…, détachés du nom par une virgule ou deux-points : ……

2. Adjectif, groupe adjectival, participe, groupe participial, qui précèdent ou suivent immédiatement le nom, sans virgule pour les séparer : ……

3. Subordonnée relative, introduite par un pronom relatif qui remplace l'antécédent : ……

4. Nom, GN, pronom, infinitif, subordonnée conjonctive…, généralement reliés au nom par une préposition : ……

2 Soulignez les expansions des noms en gras. Indiquez leur nature et leur fonction.

Il aperçut une **figure** claire, blonde, un peu rousse, dont les cheveux follets sur les tempes semblaient brûler comme des **flambées** de broussailles. Le **nez**, fin et retroussé, faisait sourire ce visage.

Guy de Maupassant, *Notre Cœur*, 1890.

Quand deux ou plusieurs épithètes se suivent, elles sont séparées par une virgule.

……

……

Les fonctions liées à l'adjectif

- Un adjectif peut être accompagné d'**expansions** qui précisent ou complètent son sens.
Il est alors le noyau d'un **groupe adjectival**.

Adjectif +
- complément de l'adjectif (CDA) — *Ce rôle est **difficile** à interpréter.*
- complément du comparatif — *Ce rôle est **plus difficile** que le tien.*
- complément du superlatif — *Ce rôle est **le plus difficile** de tous.*

Comparatif : *plus grand, aussi grand, moins grand.*
Superlatif : *le plus grand, le moins grand, très grand.*

3 a. Soulignez les groupes adjectivaux et donnez leur fonction.

1. L'imagination, propice à la création artistique, est aussi nécessaire à l'embellissement du quotidien.
……

2. Je suis sûr que tu es fier de nous ! ……

3. Votre signature est facile à imiter. ……

b. Relevez les compléments de l'adjectif et donnez leur classe grammaticale.

…… • ……

…… • ……

4 **a. Soulignez les comparatifs.** **b. Entourez les superlatifs.**
c. Surlignez les compléments des comparatifs et des superlatifs. Indiquez leur nature.

Ne confondez pas c. du comparatif et CDA.

Parce que Molière a été longtemps l'auteur français le plus joué du monde et qu'il occupe une place très importante dans la littérature française, on désigne souvent le français comme « la langue de Molière ». Mais est-il un auteur plus important que Voltaire ou Hugo, par exemple ? Non bien sûr, ils sont tous aussi représentatifs de notre langue et de notre littérature.

....

Les fonctions liées au pronom

- Un pronom peut être suivi d'un complément. Il est alors le noyau d'un groupe pronominal.
  Chacun de ses actes est longuement réfléchi. → *de ses actes* : GN, complément du pronom *chacun*
- Un pronom peut être suivi d'une apposition : *Vous, mes amis, écoutez-moi.*

5 **a. Soulignez les groupes pronominaux et donnez leur fonction.**
b. Entourez les compléments du pronom et donnez leur nature.
c. Surlignez une apposition à un pronom.

1. Aucun de ces tableaux n'est authentique. ....

2. Observez celui-ci, œuvre d'un faussaire de talent. ....

3. Lequel d'entre vous se serait douté que c'était un faux ? ....

S'entraîner pour le BAC

REPÉRAGE ET ANALYSE

6 Donc, avant tout, un mot sur la **langue** des Grecs, des filous, des voleurs et des assassins, nommée l'argot, et que la littérature a, dans ces derniers temps, employée avec tant de succès. Disons-le, peut-être à l'**étonnement** de beaucoup de gens, il n'est pas de **langue** plus énergique, plus colorée que celle de ce monde souterrain qui, depuis l'origine des empires, s'agite dans les caves, dans les sentines, dans les bas-fonds des sociétés, pour emprunter à l'art dramatique une **expression** vive et saisissante. Le monde n'est-il pas un théâtre ?

D'après **Honoré de Balzac**, *La Dernière Incarnation de Vautrin*, 1847.

a. Soulignez les expansions des noms en gras.

b. Relevez : une apposition : ....

- **deux subordonnées relatives :** ....

....

- **un complément du comparatif :** ....
- **un groupe pronominal :** ....

c. Montrez que ce paragraphe est construit autour du nom *langue*.

....

....

....

....

ÉCRITURE

7 **a. Rapportez une expérience personnelle, en quelques phrases sans aucune expansion.**
b. Reprenez votre texte et enrichissez-le d'expansions du nom, de l'adjectif et du pronom.

3 Les fonctions liées au verbe

Retenir et s'exercer

Corrigés des exercices 1 à 4, p. 90

sujet → verbe → attribut du sujet
Prendre des notes *est* *un exercice à maîtriser.*

sujet → verbe → COD → attribut du COD
Je *trouve* *cela* *utile.*

Ne confondez pas l'**attribut du sujet** et le **COD**.

- L'attribut du COD apporte une précision sur le COD, après un **verbe** comme : *trouver, juger, considérer comme, laisser, rendre, appeler, nommer, élire...*
On appelle les premiers mots d'un roman l'incipit.
COD attr. du COD

1 **a. Surlignez les sujets. Soulignez les quatre attributs du sujet. Soulignez de deux traits l'attribut du COD. • b. Entourez les verbes par rapport auxquels les attributs prennent leur fonction.**

1. Qui est le personnage principal du roman ?
2. Tenter de résoudre une énigme semble très excitant.
3. Ce roman est passionnant et tous l'ont jugé très réussi.
4. Le plus incroyable est que personne ne croyait à la culpabilité du personnage principal.

2 **a. Soulignez les COD et entourez les attributs du COD.**
b. Réécrivez les phrases en remplaçant le COD par un pronom personnel ou démonstratif.

1. On jugera ton argumentation peu convaincante. ....
2. Je trouve inadmissible de ne pas trier ses déchets. ....
3. Edmond Rostand a appelé Roxane l'héroïne de sa pièce *Cyrano de Bergerac*.
....
4. La proximité de l'épreuve rend les candidats nerveux.
....

- Les compléments d'objet ne peuvent être ni supprimés sans nuire au sens de la phrase ni déplacés. Ils peuvent être un nom, un GN, un pronom, un infinitif, une subordonnée...

sujet → verbe → complément d'objet direct (COD)
Elle *lit* *beaucoup de romans.*

sujet → verbe → préposition → complément d'objet indirect (COI)
Elle *rêve* *de* → *devenir romancière*

Certains verbes sont construits avec **deux compléments** : un COD et un COI. *J'ai rendu son livre à Sofia.*

3 **[La mode au XVIIIe siècle]** Je trouve les caprices de la mode, chez les Français, étonnants. Ils **ont oublié** comment ils étaient habillés cet été, ils **ignorent** encore plus comment ils le seront cet hiver ; mais surtout, on ne saurait **croire** combien il en coûte à un mari pour mettre sa femme à la mode. Que me servirait de te faire une description exacte de leur habillement et de leur parure ?

Montesquieu, *Lettres persanes*, 1721.

a. Quel est le COD de la 1re phrase ? ....

b. Quelle est donc la fonction de l'adjectif *étonnants* ? ....

c. Soulignez les COD des verbes en gras. **d. Relevez les compléments du verbe *mettre* et donnez leur fonction exacte.** ....

- Le complément d'agent (CA) complète un verbe **passif**. Il est introduit par *par* ou *de*.
Le roman Le Rouge et le Noir *a été écrit par Stendhal.*

4 **Verrières est abritée du côté du nord par une haute montagne,** c'est une des branches du Jura. Les cimes brisées du Verra se couvrent de neige dès les premiers froids d'octobre. Un torrent, qui se précipite de la montagne, traverse Verrières avant de se jeter dans le Doubs.

Stendhal, *Le Rouge et le Noir*, 1830.

a. **Dans la proposition en gras, soulignez le complément d'agent, entourez le verbe passif. Puis mettez le passage à la forme active. Soulignez le sujet. Surlignez le COD.**

....

b. **Quelle est la fonction du mot souligné dans le texte ?** ....

c. **Réécrivez la 3e phrase de manière que le COD devienne sujet et que le sujet soit un CA.**

....

....

S'entraîner pour le BAC

REPÉRAGE, ANALYSE ET MANIPULATION

5 **Faites une analyse complète (voir les fiches Nature et Fonctions, p. 4 à 9) des mots et groupes de mots soulignés.**

a. Marcher dans la nature est propice à la réflexion.

....

b. Mon projet a été retenu par le jury qui l'a trouvé innovant.

....

c. Le bloc de marbre est devenu une statue gracieuse. ....

d. Que pensez-vous de la littérature fantastique ? ....

....

e. Au loin se dressent des sommets vertigineux. ....

6 **Midi**

Tout se tait. L'air flamboie et brûle sans haleine ;
La Terre est assoupie en sa robe de feu.
L'étendue est immense, et les champs n'ont point d'ombre,
Et la source est tarie où buvaient les troupeaux ;
La lointaine forêt, dont la lisière est sombre,
Dort là-bas, immobile, en un pesant repos.

Leconte de Lisle, « Midi », *in Poèmes antiques*, 1852.

a. **Analysez la construction du vers 4. (Voir la Méthode proposée p. 86.)**

....

....

....

....

b. **Réécrivez le vers 4 en rétablissant l'ordre des mots courant.**

....

ÉCRITURE

7 **Construisez deux vers sur le thème de la nature, en reprenant la construction et le rythme des vers 3 et 4 du poème ci-dessus.**

4 Les compléments circonstanciels

Retenir et s'exercer

Corrigés des exercices 1 à 4, p. 90

- Les **compléments circonstanciels** expriment les **circonstances** d'un fait.
- On peut les **déplacer** et les **supprimer**.

1 Un soir, après avoir soupé en tête à tête, nous allâmes nous promener au jardin, par un très beau clair de lune. Au fond de ce jardin, était un assez grand taillis, par où nous fûmes chercher un joli bosquet.

Jean-Jacques Rousseau, *Les Confessions*, 1770.

a. Soulignez les compléments circonstanciels de la première phrase.

b. Réécrivez la phrase sans ces compléments.

Un c. circ. peut en contenir un ou plusieurs autres.

....

c. Relevez un GN complément circonstanciel, dans la 2e phrase, et indiquez ce qu'il exprime : temps, lieu, cause, but... ....

On distingue les **compléments circonstanciels (CC)** de :
- **temps** [*Quand ? Pendant combien de temps ?...*] : *Bientôt, le calme reviendra.*
- **lieu** [*Où ? Vers où ? D'où ?*] : *Le bateau navigue en direction du phare.*
- **manière** [*De quelle manière ?*] : *L'auditoire écoute avec attention.*
- **moyen** [*Au moyen de quoi ?*] : *On peut distinguer les détails avec un microscope.*
- **accompagnement** [*En compagnie de qui ?*] : *Veux-tu faire un exposé avec moi ?*
- **cause** [*Pour quelle raison ?*] : *Tu t'es trompé, parce que tu as lu trop vite.*
- **conséquence** [fait découlant d'un autre] : *Tu as lu trop vite, si bien que tu t'es trompé.*
- **but** [*Dans quel but ?*] : *Nous nous réunissons pour prendre une décision.*
- **opposition/concession** [lorsque 2 faits s'opposent] : *Malgré les critiques, le film a un grand succès.*
- **condition** [*À quelle condition ?*] : *Tu réussirais, si tu doutais moins de toi.*
- **comparaison** [*Comme qui ou quoi ?*] : *Vous jouez du piano comme un virtuose.*

2 Indiquez la circonstance exprimée par les compléments soulignés.

1. Désormais, certaines interventions chirurgicales se font avec un robot. .... • ....
2. En voyage, il est intéressant de parler avec les habitants. .... • ....
3. À Guernesey, dans les îles anglo-normandes, une maison est très visitée, parce qu'elle a été habitée par Victor Hugo lors de son exil. .... • .... • .... • ....
4. Malgré ses nombreux courtisans, le roi était un homme seul. ....
5. Lina s'entraîne assidûment en vue du concours d'éloquence, de sorte qu'on l'entend déclamer seule dans sa chambre. .... • .... • .... • ....
6. Les humains ont toujours rêvé de voler comme les oiseaux. ....
7. Si les villes étaient moins peuplées, la circulation y serait plus aisée. ....

- Les compléments circonstanciels ont des **natures** variées : nom, GN, pronom, infinitif, adverbe, subordonnée conjonctive...

  Quand le brouillard se dissipa, ils comprirent très vite qu'ils s'étaient perdus.

  subordonnée conjonctive (Quand le brouillard se dissipa) ; adverbe (très vite)

- Les GN CC sont souvent précédés d'une **préposition**, mais certains sont construits **directement**.

  Le vent a soufflé sur la plaine, toute la nuit.

3 Soulignez les compléments circonstanciels et indiquez leur nature.

1. La cloche sonnait interminablement dans le ciel chargé de nuages noirs. .... • ....

2. Avant d'interpréter votre rôle, soyez très concentrés, et dès que le rideau se lèvera, vous ne serez personne d'autre que votre personnage. .... • ....

- Quand un complément exprimant le **lieu** ou le **temps** ne peut être ni déplacé ni supprimé, il fait partie du **groupe verbal** : c'est un **complément de lieu** ou **de temps du verbe**.
Demain, nous irons au théâtre. → *au théâtre* : complément de lieu du verbe *irons*.
GV

Ce n'est plus un complément circonstanciel.

4 a. Parmi les mots en gras, entourez les compléments qui font partie d'un GV.
b. Surlignez les compléments circonstanciels.

1. Le dossier n'est plus **à sa place**. Je l'avais pourtant mis **dans ce tiroir**.
2. **La semaine prochaine**, notre classe ira **au musée d'art contemporain**.
3. Découvrira-t-on **un jour** le secret de la Pyramide ? Se trouve-t-il **dans une chambre secrète** ?

S'entraîner pour le BAC

REPÉRAGE, ANALYSE ET MANIPULATION

5 Sur le miroir mouillé de la lagune, je vois Vendredi venir à moi, de son pas calme et régulier, et le désert de ciel et d'eau est si vaste autour de lui que plus rien ne donne l'échelle, de telle sorte que c'est peut-être un Vendredi de trois pouces placé à portée de ma main qui est là [...].

Michel Tournier, *Vendredi ou les limbes du Pacifique*, © Gallimard, 1972.

Relevez les compléments circonstanciels et faites-en une analyse complète.

....

....

....

....

6 Les Verdurin n'invitaient pas à dîner : on avait chez eux « son couvert mis ». Pour la soirée, il n'y avait pas de programme. Le jeune pianiste jouait, mais seulement si « ça lui chantait », car on ne forçait personne et comme disait M. Verdurin : « Tout pour les amis, vivent les camarades ! » Si le pianiste voulait jouer la chevauchée de *La Walkyrie* ou le prélude de *Tristan*, Mme Verdurin protestait, **non que cette musique lui déplût**, mais au contraire parce qu'elle lui causait trop d'impression.

Marcel Proust, *Du côté de chez Swann*, 1913.

a. À quoi reconnaissez-vous que *chez eux* est un complément circonstanciel ?

....

b. Remplacez la subordonnée en gras par une autre subordonnée de même sens, en utilisant une autre conjonction de subordination et en modifiant le mode du verbe.

....

Quelle est la nuance circonstancielle exprimée ? ....

c. Relevez un complément de comparaison. ....

ÉCRITURE

7 Vous écrivez votre premier roman. Rédigez-en le début, en utilisant de nombreux compléments circonstanciels.

Les fonctions

Retenir et s'exercer

Corrigés des exercices 1 à 4, p. 90

- Selon leur rôle dans la phrase, les mots prennent leur fonction par rapport à un mot de la phrase ou à la phrase dans son ensemble.

	fonctions	exemples
par rapport au verbe	• sujet • COD • COI • complément de lieu, temps…	*Les années ont passé.* *On restaure un bâtiment ancien.* *Le film s'adresse à un public jeune.* *Ce train va à Lyon.*
(un verbe passif)	• complément d'agent (CA)	*Un barrage a été édifié par des castors.*
(un verbe attributif)	• attribut du sujet • attribut du COD	*Ce documentaire est passionnant.* *J'ai trouvé son argumentation confuse.*
par rapport au nom	• épithète • complément du nom (CDN) • c. de l'antécédent • apposition	*Un vieux manoir hanté.* *Les strophes du poème.* *Un film qui m'a plu.* *Le wakamé, une algue brune, est comestible.*
par rapport à l'adjectif	• complément de l'adjectif • complément du comparatif • complément du superlatif	*Un caractère plein d'ambition.* *Une nouvelle est plus courte qu'un roman.* *Tu es le plus jeune de nous tous.*
par rapport au pronom	• complément du pronom • c. de l'antécédent	*Elle s'est adressée à chacun d'eux.* *Écoute ceux qui te conseillent.*

1 **a. Relevez les mots et groupes de mots qui prennent leur fonction par rapport aux mots en gras.**
b. Précisez quelle est cette fonction.

L'**orchidée** sauvage, une espèce protégée, est en voie de disparition car elle **est menacée** par le réchauffement climatique. Et les **insectes** qui assurent sa pollinisation **deviennent** trop rares.

....

....

....

....

2 **Donnez la fonction des mots et groupes de mots soulignés et en gras.**

1. Un sonnet a quatre strophes : deux quatrains et deux tercets. ....

2. Le premier sonnet en langue française a été écrit par Clément Marot en 1536.

.... • ....

3. Les sonnets **que** Ronsard écrivit **pour Hélène** sont parmi les plus connus du poète.

.... *que* : .... *pour Hélène* : .... • *du poète* : ....

....

4. Au XIXe siècle, les romantiques rendront le sonnet populaire. .... • ....

3 **a. Complétez chaque phrase en ajoutant un complément aux mots soulignés.**
b. Précisez de quelle catégorie de complément il s'agit.

1. Il faudrait que chacun .... fasse un geste pour la planète.

2. Ce raisonnement n'est pas si difficile ....

3. La deuxième partie du film est moins réussie ....

4. Ce jeune réalisateur est un des plus talentueux ....

	fonctions	exemples
par rapport à la phrase	• complément circonstanciel – de temps – de lieu – de moyen – de manière – d'accompagnement – de cause – de conséquence – de but – de concession/opposition – de condition – de comparaison	 *En 1862, parut* Les Misérables. *Le public afflue sur la place.* *Ils ont parcouru le pays en train.* *Tu trouveras aisément la réponse.* *Elle joue au tennis avec une amie.* *J'ai repris confiance grâce à toi.* *Ils ont couru à perdre haleine.* *Je m'entraîne pour le marathon.* *Elle viendra, bien qu'elle soit malade.* *Si tu étais majeur, tu voterais.* *Il ment comme il respire.*

4 **Soulignez les compléments circonstanciels et indiquez la circonstance exprimée.**

1. Si leur emploi du temps le permet, les amis se retrouvent le vendredi soir, chez l'un d'entre eux, pour discuter avec entrain. ....

2. Nous sommes gênés, parce que son comportement est si déroutant que nous n'osons pas aborder le sujet avec lui. .... **3.** Je dois écrire un texte à la manière de La Bruyère. Cet exercice me plaît malgré sa difficulté. ....

S'entraîner pour le BAC

REPÉRAGE, ANALYSE ET MANIPULATION

5 Un soir du mois de février, comme nous étions tous autour du feu, nous entendîmes frapper à la porte de la rue. Perrine prend sa lanterne, descend, ouvre : un jeune homme entre avec elle, monte, se présente d'un air aisé, et fait à M. le Maître un compliment court et bien tourné, se donnant pour un musicien français que le mauvais état de ses finances forçait de vicarier[1] pour passer son chemin. À ce mot de musicien français, le cœur tressaillit au bon le Maître : il aimait passionnément son pays et son art. Il accueillit le jeune passager, lui **offrit** le **gîte** dont il paraissait avoir grand besoin, et qu'il accepta sans beaucoup de façons.

Jean-Jacques Rousseau, *Les Confessions*, 1770.

1. vicarier : aller de ville en ville pour proposer ses services de musicien d'église.

a. Réécrivez la première phrase sans les compléments circonstanciels. Quelles circonstances les compléments supprimés ajoutent-ils au fait principal ?

....

b. Indiquez la fonction des mots et groupes de mots soulignés.

....

....

....

....

c. Dans la dernière phrase, relevez les mots et groupes de mots qui prennent leur fonction par rapport aux mots en gras. Précisez quelle est cette fonction.

....

....

ÉCRITURE

6 **Trouvez un exemple personnel pour chaque fonction étudiée dans cette fiche.**

6 Les types et les formes de phrase

Retenir et s'exercer

Corrigés des exercices 1 à 7, p. 90

Les types de phrase

- Il existe trois **types** de phrase qui varient selon l'**intention** de celui qui les prononce.

Phrase
- **déclarative :** *Un essai est un ouvrage de réflexion sur un sujet.*
- **impérative (injonctive) :** *Résumez cet essai en une page.* *Tenir compte des remarques.*
- **interrogative :** *Que fait-on ?* (soutenu) • *Qu'est-ce qu'on fait ?* (courant) • *On fait quoi ?* (familier)

Une phrase impérative se termine par un point ou un point d'exclamation.

1 **a. Ponctuez correctement ces phrases.**
b. Précisez dans quelle intention chaque phrase a été prononcée (information, ordre, question…).
c. Indiquez son type.

1. Comment bien maîtriser la grammaire .... • ....
2. Faire de nombreux exercices .... • ....
3. S'exprimer clairement est un atout .... • ....

2 **Posez, dans un niveau de langue soutenu, les questions auxquelles répondent ces phrases.**

.... Je rapporte ce livre à la bibliothèque.
.... Oui, bien sûr, je l'ai lu en entier.
.... Je l'ai trouvé un peu difficile mais intéressant.

3 **Indiquez le type de chaque phrase.**

PHILAMINTE. – Holà ! pourquoi donc fuyez-vous ? ....
HENRIETTE. – C'est de peur de troubler un entretien si doux. ....
PHILAMINTE. – Approchez, et venez, de toutes vos oreilles,
Prendre part au plaisir d'entendre des merveilles. ....

Molière, *Les Femmes savantes*, 1672.

Les formes de phrase

Phrase
- **négative :** *Un essai n'est pas un roman.*
- **active :** *Montaigne a écrit ses célèbres essais au XVIe siècle.*
- **passive :** *Ce genre littéraire a donc été créé par Montaigne.*
- **impersonnelle :** *Il existe de nombreux essais philosophiques.*
- **exclamative :** *Quels textes intéressants !*

- On peut donner du **relief** à une phrase (**phrase emphatique**) en encadrant un de ses éléments avec les **présentatifs** : *c'est … qui (que…), il y a … qui (que…), voici …, voilà … qui (que…).*

Montaigne a écrit les premiers Essais. **(phrase neutre)**
C'est Montaigne qui a écrit les premiers Essais. **(phrase emphatique)**

4 **Indiquez la (les) forme(s) de chaque phrase.**

Les formes de phrase peuvent **se combiner** entre elles.

1. Les résultats ne seront pas affichés avant demain. ....
2. Aucun bruit ne venait troubler le silence de la nuit. ....
3. C'est toi qui seras chargée de la mise en scène. ....
4. Il n'a pas été trouvé de solution. ....
5. Qu'il est agréable de flâner au soleil ! ....
6. Voilà deux ans que nous attendions une réponse ! ....

5 **Réécrivez cette phrase à la forme impersonnelle et négative, sans changer son sens.**

Garder son sérieux devant ses pitreries est impossible.

....

6 **Réécrivez ces phrases pour leur donner une forme emphatique. Faites porter la mise en relief sur les mots soulignés.**

1. Racine est l'auteur de la tragédie *Andromaque.*

....

2. La pièce a été représentée pour la première fois au Louvre, en 1667.

....

- Les formes de phrase peuvent se combiner avec les types de phrase :
Ne négligez aucun détail. Forme négative et type impératif (injonctif)

7 **Indiquez le type et la (les) forme(s) de chaque phrase.**

1. La vie n'est-elle pas pleine d'imprévus ? ....
2. Ne renoncez sous aucun prétexte ! ....
3. Un vaccin contre cette maladie incurable sera-t-il enfin trouvé ? ....

S'entraîner pour le BAC

REPÉRAGE, ANALYSE ET MANIPULATION

8 VALÈRE. – Ah, te voilà, bourreau !

CRISPIN. – Parlons sans emportement. ....

VALÈRE. – Coquin !

CRISPIN. – Laissons là, je vous prie, nos qualités. ....

De quoi vous plaignez-vous ? ....

VALÈRE. – De quoi je me plains, traître ? Tu m'avais demandé congé **pour huit jours**, et il y a plus d'un mois que je ne t'ai vu. Est-ce ainsi qu'un valet doit servir ?

CRISPIN. – Parbleu, monsieur, je vous sers comme vous me payez. Il me semble que l'un n'a pas plus de sujet de se plaindre que l'autre.

VALÈRE. – Je voudrais bien savoir d'où tu peux venir.

Alain-René Lesage, *Crispin rival de son maître*, 1707.

a. Indiquez le type de phrase des répliques deux et quatre.

b. Quelle phrase a une forme emphatique ? ....

Réécrivez-la en supprimant l'emphase. ....

c. Donnez une forme emphatique à la proposition soulignée, en mettant en relief les mots en gras.

....

d. Soulignez une phrase impersonnelle dans une réplique de Crispin.

e. Donnez un type interrogatif à la dernière phrase.

....

f. À quel état d'esprit correspondent les phrases exclamatives de Valère ?

....

ÉCRITURE

9 **Imaginez une suite au dialogue entre Valère et Crispin.**

Variez le plus possible les types et les formes de phrase. Combinez-les entre eux.

7 La phrase interrogative et la phrase négative

Retenir et s'exercer

Corrigés des exercices 1 à 5, p. 90

La phrase interrogative

- L'**interrogation totale** porte sur la **totalité** de la phrase ; on peut y répondre par *oui* ou par *non*.
  Aimerais-tu être vétérinaire ? Oui / Non
- L'**interrogation partielle** porte sur une **partie** de la phrase. Elle admet une infinité de réponses possibles.
  Quel métier veux-tu faire ? Archéologue / Acrobate / Philosophe…

  L'interrogation partielle est introduite par un **mot interrogatif** :
  – pronom interrogatif (*qui, que, lequel…*), ***Qui est là ?***
  – déterminant interrogatif (*quel, quelle…*) ***Quelle décision prendre ?***
  – adverbe interrogatif (*quand, comment, où…*). ***Quand revenez-vous ? Comment faire ?***

1 **a. Soulignez les interrogations totales.**

Existe-t-il des règles pour faire un roman […] ? Peut-on établir une comparaison entre les *Affinités électives* de Goethe, *Les Trois Mousquetaires* de Dumas, *Madame Bovary* de Flaubert et *Germinal* de M. Zola ? Laquelle de ces œuvres est un roman ? Quelles sont ces fameuses règles ? D'où viennent-elles ? Qui les a établies ?

Guy de Maupassant, Préface de *Pierre et Jean*, 1887.

b. Relevez les mots interrogatifs et précisez leur nature. ……………………………………

……………………………………………………………………………………

c. Introduisent-ils des interrogations totales ou partielles ? ……………………………………

- La **construction de l'interrogation** varie selon le **niveau de langue** :
  - **Niveau soutenu** → inversion du sujet : *Aimez-vous l'opéra ?*
  - **Niveau courant** → emploi de la locution *est-ce que* : *Est-ce que vous aimez l'opéra ?*
  - **Niveau familier** → même construction que la phrase déclarative : *Vous aimez l'opéra ?*

2 **Précisez le niveau de chaque phrase. Réécrivez-la dans le niveau indiqué.**

1. Est-ce que l'adjectif *romanesque* vient de *roman* ? ……………………………………

soutenu : ……………………………………………………………………………………

2. Tu connais un roman épistolaire ? ……………………………………

courant : ……………………………………………………………………………………

La phrase négative

- Une **négation totale** porte sur **toute la phrase**. Elle se forme avec ***ne*** associé à ***pas, plus, guère, point***.
  *Je n'irai **pas** au théâtre.*
- Une **négation partielle** porte sur une **partie de la phrase**. Elle se forme avec ***ne*** associé à ***aucun, rien, personne, jamais, nulle…***
  *Elle ne va **jamais** au théâtre avec nous.* La négation porte sur une circonstance (*jamais*).

3 **Répondez à ces questions par une phrase négative. Précisez si la négation est totale ou partielle.**

1. Distingue-t-on quelque chose dans cette obscurité ? ……………………………………

2. Est-ce que quelqu'un a trouvé la réponse ? ……………………………………

3. Reste-t-il encore des erreurs ? ……………………………………

4. Parlez-vous japonais ? ……………………………………

5. Allez-vous souvent à la bibliothèque ? ……………………………………

- La conjonction de coordination négative *ni* sert à relier deux mots ou groupes de mots de même nature. Elle est généralement redoublée. *L'épreuve n'était ni longue ni difficile.*

4 Mettez ces phrases à la forme négative.

1. Vous pourrez flâner ou vous reposer. ....
2. La maison possède une terrasse et un jardin. ....
3. Répondez aux questions 6 et 7. ....

- **Attention !** La **locution** *ne... que* n'exprime pas une négation, mais une **restriction**. On peut la remplacer par *seulement*. *Elle ne lit que des romans. = Elle lit seulement des romans.*

5 Reformulez ces phrases avec la locution adverbiale *ne... que*.

1. Retenons uniquement les moments heureux. ....
2. On voyait seulement une étendue désertique. ....

S'entraîner pour le BAC

REPÉRAGE, ANALYSE ET MANIPULATION

6 Analysez l'expression de l'interrogation, dans ces vers.

Et depuis quand, Madame, êtes-vous si craintive ?
Quoi ? déjà votre amour souffre qu'on le captive ?
Qu'est devenu ce cœur qui me jurait toujours
De faire à Néron même envier nos amours ?

Racine, *Britannicus*, 1669.

....
....
....
....
....
....
....
....
....

7 Elle dit : c'est une enfant qui a toujours été libre, sans ça elle se sauverait, moi-même sa mère, je ne peux rien contre ça, si je veux la garder, je dois la laisser libre.

Marguerite Duras, *L'Amant*, © Les Éditions de Minuit, 1984.

a. *sans ça* : reformulez l'idée en utilisant une phrase de forme négative.

....

b. Analysez l'expression de la négation dans le reste de la phrase.

....
....
....

ÉCRITURE

8 Un sujet vous préoccupe ou vous intéresse. Formulez des questions le concernant, ainsi que des remarques dont certaines contiendront des négations.

Variez les constructions.

8 La construction de la phrase complexe

Retenir et s'exercer

Corrigés des exercices 1 à 4, p. 90

- Une **phrase complexe** comporte deux ou **plusieurs verbes conjugués à un mode personnel.**
Elle est donc constituée de **plusieurs propositions**.

*Le décor **est** en place, les comédiens **attendent** en coulisse, enfin le rideau **se lève**.*
3 verbes → 3 propositions → 1 phrase complexe

Une **phrase simple** ne comporte qu'un seul verbe.

1 *Les Fâcheux* est une comédie-ballet commandée par Louis XIV à Molière et à Lully, qui composèrent, l'un le texte, l'autre la musique. Le roi fut ravi et commanda d'autres comédies-ballets pour divertir la cour et consacrer son prestige. La plus célèbre d'entre elles est certainement *Le Bourgeois gentilhomme*. Le roi passionné de danse participait lui-même à ces spectacles de cour.

a. Soulignez les verbes conjugués à un mode personnel et mettez une barre entre les propositions.

b. Quelles phrases ne sont pas des phrases complexes ? ....

Justifiez votre réponse : ....

....

- Une **phrase complexe** peut être composée, notamment :
– de propositions **indépendantes juxtaposées**, séparées par une virgule, un point-virgule ou deux-points :
Les comédiens sont heureux : la pièce est un succès.
– de propositions **indépendantes coordonnées**, reliées par une conjonction de coordination (*et, ou, ni, mais, or, car, donc*) ou un adverbe de liaison (*puis, en effet, c'est pourquoi…*).
*Les comédiens sont heureux **car** la pièce est un succès. La pièce est un succès, **mais** elle est difficile.*

Une **indépendante** ne dépend d'aucune proposition, et aucune proposition ne dépend d'elle.

2 **1.** La comédie cherche à divertir, son dénouement est heureux.
2. La farce cherche aussi à divertir, mais elle privilégie les jeux de scène et son niveau de langue est familier.
3. Le vaudeville fait la part belle au comique de situation et à une action pleine de rebondissements.

a. Indiquez le nombre de propositions indépendantes de chaque phrase : 1. : ..... **– 2. :** ..... **– 3. :** .....

b. Quelle phrase est une phrase simple ? ....

c. Précisez comment les propositions des phrases complexes sont associées entre elles.

....

....

....

- Une phrase **complexe** peut être composée d'une proposition **principale** et d'une ou plusieurs propositions **subordonnées** qui dépendent de la principale et qui sont introduites par un **subordonnant**.
Le théâtre de boulevard s'appelle ainsi [*parce que*] *les représentations étaient données boulevard du Temple.*
principale — subordonnée

3 **1.** Une pièce de théâtre est divisée en actes qui sont eux-mêmes divisés en scènes.
2. Savez-vous que, dans le théâtre classique, la durée d'un acte correspondait à la durée de vie des bougies qui éclairaient la salle ?
3. En principe, on change de scène quand un personnage entre ou quand il sort.

a. Surlignez les principales et soulignez les subordonnées. Entourez les subordonnants.

b. Relevez deux propositions coordonnées : ....

De quelle nature de propositions s'agit-il ? ....

- Il existe trois sortes de **subordonnants** associés à trois catégories de **subordonnées** :
  – les **conjonctions et locutions conjonctives de subordination** :
  que, quand, parce que, de sorte que, pour que, bien que… → **subordonnées conjonctives**
  – les **pronoms relatifs** :
  qui, que, quoi, dont, où, lequel, laquelle, auquel, desquels… → **subordonnées relatives**
  – les **mots interrogatifs** : *qui, quel, laquelle, si, quand, où, pourquoi, comment, combien…* → **subordonnées interrogatives indirectes**

Une conjonction formée de deux mots est une **locution conjonctive**.

4 **a. Complétez ces phrases avec des subordonnants.**
b. Soulignez les subordonnées et indiquez leur catégorie.

1. On a un peu de mal à imaginer .... était le théâtre au temps de Molière. ....

2. Un arrêté de police fixait le début des représentations à deux heures de l'après-midi, ... tout soit terminé au coucher du soleil. ....

3. Dites-nous .... il y a d'actes dans *Phèdre* de Racine. ....

4. On appelle didascalies les indications .... donne l'auteur, notamment sur le jeu des acteurs. ....

5. .... un personnage s'adresse au public, ... les autres personnages l'entendent, il parle en « aparté ». ....

S'entraîner pour le BAC

REPÉRAGE ET ANALYSE

5 *Un assez long moment de silence… La pendule sonne vingt-neuf fois.*

M. MARTIN, *après avoir longuement réfléchi, se lève lentement et, sans se presser, se dirige vers Mme Martin qui, surprise par l'air solennel de M. Martin, s'est levée, elle aussi, tout doucement ; M. Martin a la même voix rare, monotone, vaguement chantante.* – Alors, chère Madame, je crois qu'il n'y a pas de doute, nous nous sommes déjà vus et vous êtes ma propre épouse… Élisabeth, je t'ai retrouvée !

Eugène Ionesco, *La Cantatrice chauve*, © Gallimard, 1950.

a. Dans la longue didascalie figurant en italique dans la réplique de M. Martin, surlignez les verbes conjugués et mettez une barre entre les propositions.
Relevez : une conjonction de coordination qui coordonne deux propositions : .... **• un signe de ponctuation entre deux propositions juxtaposées :** ....

b. *je crois qu'il n'y a pas de doute* : indiquez la nature des propositions.
....

c. *nous nous sommes déjà vus et vous êtes ma propre épouse* : comment ces deux propositions sont-elles reliées ? ....

d. Relevez une phrase simple non verbale. ....
Soulignez les autres phrases simples.

ÉCRITURE

6 **Faites une recherche sur Beaumarchais et rédigez une notice biographique.**
Veillez à utiliser plusieurs phrases complexes où figureront, au moins une fois, des propositions juxtaposées, coordonnées, des subordonnées relatives, conjonctives, interrogatives indirectes.

9 Les subordonnées relatives

Retenir et s'exercer

Corrigés des exercices 1 à 5, p. 91

- Comme l'épithète, le CDN et l'apposition, la **subordonnée relative** est une **expansion du nom**. Elle fait donc partie du **groupe nominal**.
  Une fable est *un **récit** qui comporte une morale*. → *un **récit** qui comporte une morale* : GN
  → *qui comporte une morale* : sub. relative
- La subordonnée relative **complète** un nom (ou un pronom) appelé **antécédent**. Sa fonction est donc : **complément de son antécédent**. → *qui comporte une morale* : complément de l'antécédent *récit*.

1 **a. Surlignez les subordonnées relatives. Attention ! une phrase n'en contient pas.**
b. Soulignez les GN qui les contiennent.

On sait peu de choses sur Esope qui était un fabuliste grec et qui vivait au VIe siècle avant J.-C.
Il a composé de nombreuses fables dont s'est inspiré La Fontaine. Il écrivait des textes très courts que l'on se transmettait oralement. Certains prétendent qu'il aurait été un esclave.
Le mot *fable* vient du latin *fabula* qui signifie *récit*.

2 **a. Relevez les subordonnées relatives et indiquez leur fonction.**
b. Soulignez les principales dont dépendent les relatives.

Le vent déracina un chêne que le fleuve emporta. Le chêne demanda aux roseaux : « Vous qui êtes si faibles et si minces, pourquoi la violence du vent ne vous déracine-t-elle pas ? » « Les chênes luttent contre les vents auxquels ils tiennent tête, voilà pourquoi les vents les déracinent, tandis que nous, nous plions à la moindre brise et nous demeurons enracinés au lieu où nous sommes nés. »

Ésope, *Les Roseaux et le Chêne*, VIe s. avant J.-C.

....

....

....

....

- La subordonnée relative est introduite par un **pronom relatif** qui remplace l'**antécédent**.
  *... l'univers **que** dépeint la fable* → ***que*** = *l'univers* → *la fable dépeint l'univers*
- Le **pronom relatif** a des formes **simples** (*qui, que, quoi, dont, où*) ou **composées** (*lequel, laquelle, lesquelles, auquel, duquel, desquels*, etc.).
- Il a sa fonction **à l'intérieur** de la subordonnée relative.
  *... **que** dépeint la fable* = *la fable dépeint **l'univers*** → *l'univers* : COD de *dépeint* → ***que*** : COD de *dépeint*

3 **Complétez les phrases avec les pronoms relatifs qui conviennent.**

1. On remarque, dans les fables, des animaux .... on prête des caractéristiques humaines.

2. Un apologue est un court récit .... a une portée argumentative et .... on tire une morale. La fable et le conte philosophique, ... chacun peut trouver matière à réfléchir, sont donc des apologues.

4 **a. Relevez les subordonnées relatives et donnez leur fonction.**
b. Donnez la fonction des pronoms relatifs.

Le mot *fabula*, dont provient le nom *fable*, a également donné *fabliau*. Les fabliaux du Moyen Âge sont des petits récits amusants qui dénoncent les travers des gens.

....

....

- Il ne faut pas confondre les subordonnées relatives avec :
  – les subordonnées **conjonctives** introduites par ***que*** (voir p. 22 et 35) ;
  – les subordonnées **interrogatives indirectes** introduites par ***qui*** ou par ***où*** (voir p. 23).
- Dans une subordonnée **relative**, on peut **remplacer** *que*, *qui* ou *où* par son **antécédent**.
  C'est **impossible** dans une subordonnée **conjonctive** ou **interrogative indirecte**.

Tu auras une impression que tu n'as jamais éprouvée. = *tu n'as jamais éprouvé une impression.* → sub. **relative**

J'ai l'impression que tu connais la vérité. → sub. **conjonctive**

On recherche la personne qui a écrit ce texte. = *la personne a écrit ce texte* → sub. **relative**

On ignore qui a écrit ce texte. → sub. **interrogative indirecte**

5 a. **Quelles phrases contiennent une subordonnée relative ? 1 ...., 2 ...., 3 ...., 4 ....**

1. Elle vit dans la crainte qu'on ait une mauvaise opinion d'elle.
2. La crainte que tu éprouves n'est pas fondée.
3. Nous savons qui se cache derrière ce nom.
4. On a trouvé celui qui se cache derrière ce nom.

b. **Justifiez votre réponse.**

....

....

S'entraîner pour le BAC

REPÉRAGE, ANALYSE ET MANIPULATION

6 *Rousseau niait la portée pédagogique des* Fables *de La Fontaine.*

Je dis qu'un enfant n'entend point les fables qu'on lui fait apprendre, parce que, malgré l'effort qu'on fait pour les rendre simples, l'instruction qu'on en veut tirer force d'y faire entrer des idées qu'il ne peut saisir. […]

Suivez les enfants apprenant leurs fables, et vous verrez que, quand ils sont en état d'en faire l'application, ils en font presque toujours une contraire à l'intention de l'auteur, et qu'au lieu de s'observer sur le défaut dont on veut les guérir ou préserver, ils penchent à aimer le vice avec lequel on tire parti des défauts des autres.

Jean-Jacques Rousseau, *Émile ou De l'éducation*, 1762.

a. **Dans le premier paragraphe, soulignez les subordonnées relatives et surlignez le mot qu'elles complètent.**

b. **Quelle est la nature du premier *qu'(un enfant)* ?**

....

c. **Dans le deuxième paragraphe, expliquez pourquoi les subordonnées introduites par *que (qu')* ne peuvent pas être des relatives.**

....

....

....

d. **Réécrivez les subordonnées relatives soulignées en remplaçant le pronom relatif par son antécédent. Vous devrez changer l'ordre des mots.**

....

....

ÉCRITURE

7 **Donnez, de façon argumentée, votre propre avis sur les fables.**

Veillez à utiliser quelques subordonnées relatives. Variez les pronoms relatifs.

10 Les subordonnées compléments d'objet : conjonctives et interrogatives indirectes

Retenir et s'exercer

Corrigés des exercices 1 à 5, p. 91

- On appelle **subordonnées complétives** les **subordonnées compléments d'objet**.
- Une **subordonnée conjonctive** introduite par la **conjonction de subordination** ***que*** a le plus souvent pour fonction : **complément d'objet** du verbe de la principale.

On nous annonce qu'un concours d'éloquence est organisé.
COD de *annonce*

La conjonction *que* n'a aucune fonction dans la phrase.

- Le verbe de la subordonnée est à l'**indicatif**, parfois au **subjonctif**.

Je crois que tu peux réussir. [indicatif] *J'aimerais que tu t'inscrives.* [subjonctif]

1 **a. Réécrivez les phrases suivantes en remplaçant les GN COD par des subordonnées conjonctives équivalentes.**

b. Soulignez les verbes au subjonctif.

1. Les organisateurs prévoient de nombreuses inscriptions au concours.

....

2. On annonce une prolongation des dates d'inscription.

....

3. Je redoute la difficulté de l'épreuve.

....

4. Mes parents souhaitent, bien sûr, ma réussite.

....

2 **Parmi les subordonnées introduites par *que*, soulignez celles qui sont COD du verbe de la principale.**

Une sub. conjonctive introduite par *que* peut avoir d'autres fonctions (voir p. 35).

1. Pour le concours d'éloquence, il est important que vous ayez une diction parfaite.
2. Vous ne devez pas lire le texte que vous avez écrit, on souhaite que vous le connaissiez par cœur.
3. On attend de vous que vous soyez convaincant.
4. Il est inutile de préciser que vous devez vous exprimer dans une langue parfaitement correcte et que votre vocabulaire doit être recherché.

- Une **subordonnée interrogative indirecte** est l'équivalent d'une phrase simple de type interrogatif. Elle est **COD** du verbe de la principale.

Interrogation directe : *Qui est-ce ?*

Interrogation **indirecte** : *On ignore qui c'est.*
COD de *ignore*

3 **Soulignez les interrogations indirectes, transformez-les en interrogations directes.**

1. J'ignore combien de romans il y a dans *La Comédie humaine* de Balzac.

....

2. Dis-moi si tu les as tous lus. ....

3. Je me demande quel est le plus connu. ....

- La **subordonnée interrogative indirecte** est introduite par :

– ***si*** [interrogation **totale**] : *As-tu lu ce livre ? Je te demande si tu as lu ce livre.*

– un **pronom** interrogatif [*qui, ce que, quoi, lequel, laquelle, auquel*...], un **déterminant** interrogatif [*quel, quelle, quels, quelles*] ou un **adverbe** interrogatif [*où, quand, comment, combien, pourquoi*] :

Dis-moi où on peut le trouver et combien il coûte.

4 Transformez ces phrases en subordonnées interrogatives indirectes.

1. Savais-tu que Balzac avait été aussi journaliste et imprimeur ?

Je me demande ....

2. Sous quel pseudonyme a-t-il signé ses œuvres de jeunesse ?

Recherchez ....

3. Où ai-je lu que Balzac avait créé plus de 2 000 personnages ?

J'ignore ....

4. Qu'est-ce que la peau de chagrin qui a donné son nom à un roman ?

Tu sais peut-être ....

- La subordonnée interrogative indirecte est **COD** de verbes exprimant :
  – une **interrogation** (*demander, se demander...*),
  – une **connaissance** ou une **ignorance** (*savoir, apprendre, se souvenir, ignorer...*),
  – une transmission d'**information** (*expliquer, dire, raconter...*).

5 a. Complétez ces phrases avec des verbes différents.

b. Soulignez les subordonnées. Surlignez les mots qui les introduisent.

1. Pouvez-vous me (m') .... où se trouve la médiathèque ?

2. ....-moi comment on s'y rend.

3. Je (J') .... à quelle heure elle ouvre.

4. ....-vous si on peut y consulter des vidéos ?

5. Je .... quand est apparu le mot médiathèque.

S'entraîner pour le BAC

REPÉRAGE ET MANIPULATION

6 – Cécile est dans sa vingt-troisième année, et si le malheur voulait qu'elle atteignît vingt-cinq ou vingt-six ans, il serait excessivement difficile de la marier. Le monde se demande alors pourquoi une jeune personne est restée si longtemps sur pied. On cause déjà beaucoup trop dans notre société de cette situation. [...] Cécile est lasse d'attendre, elle souffre, pauvre petite...

– Et de quoi ? demanda sottement Pons.

– Mais, reprit la mère d'un ton de duègne, elle est humiliée de voir **toutes ses amies mariées avant elle.**

Honoré de Balzac, *Le Cousin Pons*, 1847.

a. Dans le premier paragraphe, soulignez une subordonnée conjonctive et surlignez une subordonnée interrogative indirecte.

Précisez leur fonction. ....

b. Transformez la phrase soulignée en principale et subordonnée interrogative indirecte.

....

c. Transformez le GN en gras en subordonnée conjonctive.

....

Indiquez sa fonction. ....

ÉCRITURE

7 Vous pensez à votre avenir. Faites part de vos réflexions.

Utilisez des subordonnées conjonctives COD, ainsi que des interrogatives directes et indirectes.

11 Les subordonnées circonstancielles

Retenir et s'exercer

Corrigés des exercices 1 à 5, p. 91

- Une **subordonnée conjonctive** peut avoir pour fonction : **complément circonstanciel** de la proposition principale. Elle joue le même rôle qu'un GN ou un adverbe complément circonstanciel.
- Elle peut être **supprimée** ou **déplacée**.

1 **a. Réécrivez les phrases suivantes en remplaçant les GN compléments circonstanciels par des subordonnées conjonctives. b. Réécrivez les phrases obtenues en déplaçant la subordonnée.**

1. Par goût de l'aventure, il s'embarqua sur un paquebot.

....

....

2. Tu pourrais améliorer tes performances avec un entraînement régulier.

....

....

- Une subordonnée conjonctive **circonstancielle** peut être complément circonstanciel de :
  - **temps** : *On fait commencer le siècle des Lumières en 1715,* ***quand meurt le roi Louis XIV.***
  - **but** : *Ce mouvement encourage la culture et les sciences* ***pour que cesse l'obscurantisme.***
  - **cause** : *On l'appelle ainsi* ***parce qu'il est éclairé par la lumière des connaissances.***
  - **conséquence** : *Ce mouvement est* ***si puissant qu'il génère de nombreux philosophes.***
  - **condition** : *Diderot a écrit : «* ***Si je renonce à ma raison,*** *je n'ai plus de guide. »*
  - **concession/opposition** : ***Bien qu'elles ne fissent guère d'études,*** *les femmes s'intéressèrent aux sciences.*
  - **comparaison** : *Paris rayonnait alors* ***comme peut rayonner une ville d'art et de culture.***

2 Mademoiselle de Kerkabon, qui n'avait jamais été mariée quoiqu'elle eût grande envie de l'être, conservait de la fraîcheur à l'âge de quarante-cinq ans ; son caractère était bon et sensible ; elle aimait le plaisir et était dévote. [...]
– Croyez-vous, disait mademoiselle de Kerkabon, que notre belle-sœur ait été mangée par les Iroquois, comme on nous l'a dit ? Il est certain que si elle n'avait pas été mangée, elle serait revenue au pays.

Voltaire, *Candide*, 1759.

a. Soulignez les subordonnées conjonctives circonstancielles.

b. Précisez la circonstance exprimée. ....

3 **a. Soulignez les subordonnées conjonctives circonstancielles. b. Précisez la circonstance exprimée.**

1. Ils arrivèrent au refuge, comme la nuit tombait. ....
2. Tu as défendu ton point de vue, comme l'aurait fait un avocat. ....
3. Comme elle est experte en informatique, elle va créer un site Internet. ....
4. L'élève est arrivé alors que le cours commençait. ....
5. Tu te distrais alors que tu as un examen à préparer ! ....

Un même subordonnant peut introduire des subordonnées différentes.

4 **Réécrivez les subordonnées circonstancielles de l'exercice précédent, en remplaçant leur subordonnant par un autre de même sens.**

1. ....
2. ....
3. ....
4. ....
5. ....

- Une **subordonnée participiale** est également une **subordonnée circonstancielle**.
- Elle a pour noyau verbal un **participe** présent ou passé dont le « **sujet** » est **différent** de celui du verbe principal. Elle est toujours **complément circonstanciel**.

La censure étant très puissante, Voltaire fut exilé et emprisonné.
(S : La censure ; S : Voltaire)

→ *La censure étant très puissante :* CC de cause

- Elle peut être remplacée par une subordonnée conjonctive circonstancielle.

Les Lettres philosophiques *jugées scandaleuses, Voltaire est à nouveau menacé.*

→ *Comme les* Lettres philosophiques *avaient été jugées scandaleuses :* CC de cause

5 **a. Réécrivez la subordonnée participiale en la remplaçant par une subordonnée conjonctive.**

b. Réécrivez la subordonnée conjonctive en la remplaçant par une subordonnée participiale.

Les théories de savants tels Galilée, Newton et bien d'autres ayant révolutionné les sciences, Diderot et d'Alembert se lancèrent dans un ouvrage ambitieux destiné à faire l'inventaire des connaissances humaines : l'*Encyclopédie*. Quand le plan de l'ouvrage fut arrêté, Diderot et d'Alembert firent appel à de nombreux collaborateurs, dont Voltaire et Rousseau. L'*Encyclopédie* qui compte 35 volumes est l'œuvre la plus emblématique du siècle des Lumières.

a. ....

b. ....

S'entraîner pour le BAC

REPÉRAGE ET ANALYSE

6 *Un vieillard tahitien reproche à Bougainville les méfaits apportés par la civilisation occidentale et fait l'éloge d'une vie naturelle.*

« Sommes-nous dignes de mépris, parce que nous n'avons pas su nous faire des besoins superflus ? Lorsque nous avons faim, nous avons de quoi manger, lorsque nous avons froid, nous avons de quoi nous vêtir. Tu es entré dans nos cabanes, qu'y manque-t-il, à ton avis ? Poursuis jusqu'où tu voudras ce que tu appelles les commodités de la vie ; mais permets à des êtres sensés de s'arrêter, lorsqu'ils n'auraient à obtenir, de la continuité de leurs pénibles efforts, que des biens imaginaires. Si tu nous persuades de franchir l'étroite limite du besoin, quand finirons-nous de travailler ? »

Denis Diderot, *Supplément au Voyage de Bougainville,* 1796.

a. Faites une analyse détaillée de la première phrase : type de phrase, nature des propositions, fonction de la subordonnée.

....

....

b. Analysez les subordonnées soulignées : nature et fonction.

....

....

c. Quelle est la nature de *quand* (dernière phrase) ? Quel type de proposition introduit-il ?

....

....

ÉCRITURE

7 **Faites une recherche sur l'*Encyclopédie* ou sur Bougainville.**

Inspirez-vous-en pour écrire des phrases contenant des subordonnées conjonctives circonstancielles variées. Employez au moins une subordonnée participiale.

12 Exprimer la cause, la conséquence et le but

Retenir et s'exercer

Corrigés des exercices 1 à 6, p. 91

- Le **complément circonstanciel de cause** (*Pour quelle raison ?*) est :
  – un **nom**, un **GN** ou un **pronom** introduit par *à cause de, en raison de, grâce à, pour, par...*
  – un **infinitif** ou un **groupe infinitif** introduit par *pour, à force de, faute de...*
  – une **subordonnée conjonctive** introduite par *parce que, puisque, comme, vu que, étant donné que, sous prétexte que, non que... Les élèves sont concentrés **parce qu'ils font un commentaire littéraire**.*
  – une **subordonnée participiale** : ***Le texte à étudier étant original**, ils se montrent intéressés.*

1 Soulignez les CC de cause et indiquez leur classe grammaticale.

1. Par souci exagéré du détail, tu t'es lancé dans un développement confus. ....
2. Faute de présenter des liens logiques, ce texte est incohérent. ....
3. Le livre n'étant plus réédité, nous ne pouvons pas l'acheter. ....
4. Elle ne lit jamais, sous prétexte qu'elle est trop occupée. ....

- Le **complément circonstanciel de conséquence** (*Avec quelle conséquence ?*) est :
  – un **GN**, un **infinitif** ou un **groupe infinitif** introduit par *jusqu'à, au point de, assez... pour, trop... pour...*
  *Les élèves sont attentifs **au point de ne pas entendre sonner la fin du cours**.*
  – une **subordonnée conjonctive** introduite par *de sorte que, si bien que, de façon que, tant... que, si... que...*
  *Certains ont eu du mal à gérer leur temps, **si bien qu'ils n'ont pas pu terminer**.*

2 Soulignez les CC de conséquence et indiquez leur classe grammaticale.

1. Les spectateurs ont ri à en perdre haleine. ....
2. La musique était si entraînante que chacun se mit à danser. ....
3. Ils ont dansé jusqu'à l'épuisement. ....

- La relation **cause / conséquence** peut être exprimée par **deux indépendantes** :
  – **juxtaposées** : *J'ai fait plusieurs lectures attentives du texte : la problématique m'apparaît clairement.*
  – **coordonnées** par *car, en effet* (cause) • *donc, c'est pourquoi, aussi...* (conséquence).
  *Je dois commencer à rédiger **car** le temps passe. Le temps passe, **aussi** dois-je commencer à rédiger.*

3 Reformulez cette phrase en utilisant deux indépendantes : a. juxtaposées ; b. coordonnées.

Comme ces cours sont bien conçus, on comprend tout.

a. ....

b. ....

....

4 a. Pour chaque phrase, indiquez si elle met en valeur une cause ou une conséquence.
b. Précisez le procédé employé.

1. Le commentaire littéraire étant un exercice pratiqué au lycée, vous devez connaître ces deux mots : *paratexte* et *paraphrase*. ....
2. Ce sont des mots si proches qu'on risque de les confondre. ....
3. Ils se ressemblent car ils sont formés avec le mot grec *para*, « à côté de ». ....
.... 4. On appelle le paratexte ainsi, parce qu'il accompagne un texte, sans en faire partie : auteur, titre... ....
5. La paraphrase reformule avec d'autres mots les propos de l'auteur ; voilà pourquoi paraphraser n'est pas expliquer. ....

- Le complément circonstanciel de but (*Dans quel but ?*) est :
  – un **nom**, un **GN**, un **pronom**, un **infinitif** ou un **groupe infinitif** introduit par *pour, en vue de, de peur de, de crainte de…* : *J'ai mis mes idées en ordre, en vue d'un plan satisfaisant.*
  – une **subordonnée conjonctive** au **subjonctif**, introduite par *pour que, afin que, de peur que, de crainte que…*
  Je fais des efforts pour que les paragraphes et les parties s'enchaînent logiquement.

5 **a. Quelle est la classe grammaticale des groupes de mots soulignés ?** ……………………………

b. Quelle est la fonction de chacun d'eux ?

1. Tu es trop jeune pour faire ce stage. ……………………………

2. Insiste pour avoir ce stage. ……………………………

3. Ils seront félicités pour avoir remis d'excellents rapports de stage. ……………………………

6 Puis la dernière page était lue, le livre était fini. Il fallait arrêter la course éperdue des yeux et de la voix qui suivait sans bruit, s'arrêtant seulement pour reprendre haleine, dans un soupir profond. Alors, afin de donner aux tumultes depuis trop longtemps déchaînés en moi pour pouvoir se calmer ainsi d'autres mouvements à diriger, je me levais, je me mettais à marcher le long de mon lit […].

Marcel Proust, *Sur la lecture*, 1906.

a. Relevez les deux groupes de mots introduits par *pour.* Indiquez leur nature et leur fonction.

……………………………………………………………………

……………………………………………………………………

b. Soulignez le groupe de mots introduit par *afin de* et analysez-le (nature et fonction).

……………………………………………………………………

S'entraîner pour le BAC

REPÉRAGE, ANALYSE ET MANIPULATION

7 Après le déjeuner ma lecture reprenait tout de suite ; surtout si la journée était un peu chaude, on montait « se retirer dans sa chambre », ce qui me permettait, par le petit escalier aux marches rapprochées, de gagner tout de suite la mienne, à l'unique étage si bas que des fenêtres enjambées on n'aurait eu qu'un saut d'enfant à faire, pour se trouver dans la rue. J'allais fermer ma fenêtre sans avoir pu esquiver le salut de l'armurier d'en face, qui, sous prétexte de baisser ses auvents, venait tous les jours après déjeuner fumer sa cigarette devant sa porte et dire bonjour aux passants, qui, parfois s'arrêtaient à causer.

Marcel Proust, *Sur la lecture*, 1906.

a. Soulignez la subordonnée CC de conséquence.

b. Relevez les mots exprimant la cause des faits exposés dans la subordonnée.

……………………………………………………………………

c. *pour se trouver dans la rue* : indiquez la nature et la fonction de ce groupe de mots, puis remplacez-le par une subordonnée conjonctive de même sens et de même fonction.

……………………………………………………………………

d. Surlignez un CC de cause. À l'intérieur de quelle sorte de subordonnée se trouve-t-il ?

……………………………………………………………………

ÉCRITURE

8 **Évoquez votre rapport à la lecture sous forme de phrases contenant une relation cause/conséquence.** Utilisez également quelques CC de but.

13 Exprimer la condition

Retenir et s'exercer

Corrigés des exercices 1 à 7, p. 91

- Certains faits ne peuvent exister qu'à la « condition » qu'une circonstance se réalise. Pour exprimer cette situation, on formule une supposition, une **hypothèse**.
- Dans la phrase simple, le **complément circonstanciel de condition** est :
  – un **GN** introduit par *en cas de, avec, sans…*
  – un **infinitif** ou un **groupe infinitif** introduit par *à condition de, à moins de…*

1 **a. Complétez ces phrases avec les prépositions qui conviennent. Soulignez les CC de condition. Indiquez leur nature.**

1. On ne pourrait pas survivre dans le désert .... eau. ....
2. On ne pourrait pas survivre dans le désert .... avoir de l'eau. ....
3. On pourrait survivre dans le désert .... avoir de l'eau. ....

b. Exprimez la même idée avec une principale et une subordonnée introduite par *si*.

....

- Dans la phrase complexe, le **complément circonstanciel de condition** est souvent une **subordonnée** introduite par *si*. La **principale** est à l'**indicatif** ou au **conditionnel** :

principale	subordonnée CC de condition	type d'hypothèse exprimée
• ***Tu gagneras** du temps* indicatif futur	*si tu **prends** des notes en cours.* indic. présent	fait probable
• ***J'y arriverais** sans doute* conditionnel présent	*si tu **m'apprenais** à le faire.* indic. imparfait	fait possible, mais incertain
• ***Je prendrais** des notes* conditionnel présent	*si je **savais** le faire (mais je ne sais pas).* indic. imparfait	fait qui ne peut pas se réaliser
• ***J'aurais pu** réviser mon cours* conditionnel passé	*si j'**avais pris** des notes (mais je ne l'ai pas fait).* indic. plus-que-parfait	fait qui n'a pas pu se réaliser

2 **Mettez les verbes entre parenthèses au temps et au mode voulus.**

1. Si vous *(aller)* .... à Auvers-sur-Oise, vous pourrez visiter la dernière demeure de Van Gogh.
2. Van Gogh *(ne pas vivre)* .... pauvrement si son talent avait été reconnu.
3. Si je *(pouvoir)* .... posséder un tableau de Van Gogh, ce serait « La nuit étoilée ».
4. Si l'exposition était prolongée, je la *(visiter)* .... volontiers.

3 **Associez chaque phrase au type d'hypothèse exprimée.**

1. Si tu étais un animal, lequel voudrais-tu être ? •
2. Si on manque d'expérience, ce métier est déconseillé. •
3. S'il avait su parler anglais, il aurait eu le poste. •
4. Si un accord était trouvé, la paix reviendrait. •

- • probable
- • possible mais incertain
- • qui ne peut pas se réaliser
- • qui n'a pas pu se réaliser

4 **Quelle phrase exprime un fait : possible mais incertain ......, qui ne peut pas se réaliser ...... ?**

1. Si la nuit était claire, nous pourrions observer Saturne et ses anneaux, mais il pleut !
2. Demain, si la nuit était claire, nous pourrions observer Saturne et ses anneaux.

- Il existe d'autres catégories de subordonnées **CC de condition** :
  – des **subordonnées conjonctives** introduites par *au cas où, selon que, à condition que…*
  – des **subordonnées participiales** (voir p. 25).

La fièvre persistant, consultez votre médecin. (= Si la fièvre persiste…)

5 Réécrivez cette phrase en remplaçant la subordonnée introduite par *si* par :
a. une autre subordonnée conjonctive. b. une subordonnée participiale.
Si le niveau des mers augmentait, des îles disparaîtraient.

a. ....

b. ....

- On peut aussi exprimer la condition à l'aide de :
  – un **nom**, un **GN**, un **adjectif** ou un **participe apposé** : *Plus concis, le discours aurait été plus clair.*
  – deux **indépendantes juxtaposées** : *L'orage éclaterait, le spectacle serait annulé.*
  – deux **indépendantes coordonnées** : *L'orage éclaterait et le spectacle serait annulé.*

Ce ne sont pas des **CC de condition.**

6 Réécrivez les phrases en utilisant une subordonnée introduite par *si*.

1. Elle aurait été plus grande, elle aurait fait du basket.

....

2. Médecin, je soignerais des enfants en Afrique.

....

3. Tu l'entendrais parler, tu serais convaincu.

....

7 Réécrivez cette phrase en utilisant : a. une apposition, b. deux indépendantes juxtaposées.
Si cette salle était moins sonore, elle serait plus propice au travail.

a. ....

b. ....

S'entraîner pour le BAC

REPÉRAGE, ANALYSE ET MANIPULATION

8 Jeunesse, jeunesse ! sois humaine, sois généreuse. Si même nous nous trompons, sois avec nous, lorsque nous disons qu'un innocent subit une peine effroyable, et que notre cœur révolté s'en brise d'angoisse. *Que l'on admette un seul instant l'erreur possible, en face d'un châtiment à ce point démesuré, et la poitrine se serre, les larmes coulent des yeux.* […] Comment ne fais-tu pas ce rêve chevaleresque, s'il est quelque part un martyr succombant sous la haine, de défendre sa cause et de le délivrer ? Qui donc, si ce n'est toi, tentera la sublime aventure, se lancera dans une cause dangereuse et superbe, tiendra tête à un peuple, au nom de l'idéal de justice ?

Émile Zola, *Lettre à la jeunesse*, 1897.

a. Soulignez les subordonnées circonstancielles de condition.

Quel type d'hypothèse expriment-elles ? ....

Justifiez-le en observant les temps et les modes. ....

....

....

b. Réécrivez la phrase en italique en utilisant une subordonnée introduite par *si*.

....

....

....

ÉCRITURE

9 Exposez votre vision d'une société idéale. Formulez les conditions nécessaires pour y parvenir.
Variez les procédés d'expression de la condition.

14 Exprimer l'opposition et la concession

Retenir et s'exercer

Corrigés des exercices 1 à 5, p. 91

- **Opposition** : deux faits **opposés** mais **non contradictoires**.
  La Loire est le fleuve le plus long de France, tandis que la Veules est le plus petit.
  Les deux faits coexistent et ne sont pas incompatibles.
- **Concession** : deux faits **opposés** et **contradictoires**.
  Cet homme est un athlète accompli, bien qu'il soit handicapé.
  Les deux faits sont en apparence incompatibles. On s'attendrait à une autre conséquence du handicap.

1 Quelles phrases contiennent une relation : d'opposition (..........), de concession (..........) ?

1. Le vrai Cyrano de Bergerac est né au XVIIe siècle, tandis que la pièce d'Edmond Rostand qui porte son nom a été écrite en 1897. **2.** Malgré les craintes de son auteur, elle remporta un véritable triomphe. **3.** Bien que là pièce soit difficile à mettre en scène, elle est souvent à l'affiche. **4.** Rosemonde Gérard, l'épouse de Rostand, était moins connue que lui, mais c'était une poétesse de talent.

- Dans la **phrase simple**, le **CC d'opposition/concession** peut être :
  – un **nom**, un **GN** ou un **pronom** introduit par *malgré, à défaut de, à part, en dépit de, excepté, sauf, hormis…*
  En dépit de nos efforts de persuasion, notre projet n'a pas été retenu.
  – un **infinitif** ou un **groupe infinitif** introduit par *au lieu de, loin de, sans…*
  Tu émets des critiques, au lieu de nous encourager.

2 Soulignez les CC d'opposition et de concession. Notez leur classe grammaticale.

1. Personne ne riait à ses plaisanteries, excepté lui. ....

2. Loin de rire à ses plaisanteries, chacun était consterné. ....

3. On ne peut pas devenir un personnage médiatique sans déplaire à certains. ....

4. Pour s'instruire d'exemple, en dépit de l'envie,
Il lira seulement l'histoire de ma vie. (Corneille) ....

5. Hormis quelques contestataires, les personnes présentes ont approuvé la décision. ....

6. À défaut du pardon, laisse venir l'oubli (Musset) ....

- Dans la **phrase complexe**, le **CC d'opposition/concession** est une **subordonnée conjonctive** :
  – à l'**indicatif** (*alors que, même si, tandis que…*),
  – au **subjonctif** (*bien que, quoique, quoi que, sans que, au lieu que, quelque… que…*),
  – au **conditionnel** (*quand bien même, quand…*).
  Je ne révélerai pas ton secret, quand bien même on m'y obligerait.

Malgré que est **incorrect**.

3 a. Soulignez les CC de concession. b. Réécrivez-les sous forme de subordonnées conjonctives. Variez le subordonnant. Respectez la concordance des temps (voir p. 46).

1. À dix-neuf ans, malgré mes ignorances et mon incompétence, j'avais sincèrement voulu écrire ; je me sentais en exil et mon unique recours contre la solitude, c'était de me manifester.

Simone de Beauvoir, *La Force de l'âge*, © Gallimard, 1960.

....

2. Oui, je t'oublierai. Oui, je vivrai, et malgré la trace sanglante de ton passage à côté de moi, je referai demain, avec patience, mon pauvre échafaudage d'homme sous l'œil indifférent des dieux.

Jean Anouilh, *Médée*, © La Table ronde, 1946.

....

4 **Complétez les phrases avec *quoique, quoi que, tandis que, sans que, quand bien même.***

1. Le soleil est une étoile, ... Mercure est une planète.
2. Des erreurs se sont glissées dans le texte .... quiconque les remarque.
3. .... on me promettrait une fortune, je ne sauterais pas en parachute.
4. .... cette pièce soit un succès, je la trouve sans intérêt.
5. .... on en dise, cette pièce n'est pas la meilleure de son auteur.

Pour la différence entre ***quoique*** et ***quoi que***, reportez-vous p. 66.

- On peut aussi exprimer l'opposition et la concession, en utilisant deux **indépendantes** juxtaposées ou coordonnées par *mais, or, pourtant, cependant, toutefois, néanmoins, au contraire…*
  *Cette randonnée est longue, **néanmoins** elle est accessible à tous.*

5 **Transformez ces indépendantes juxtaposées en indépendantes coordonnées exprimant l'opposition. Variez les mots de liaison.**

1. Les arbres fleurissent : il neige. ....
2. L'araignée n'est pas nuisible, elle est utile. ....
3. L'étang est gelé, il ne faut pas patiner. ....

S'entraîner pour le BAC

REPÉRAGE, ANALYSE ET MANIPULATION

6 De quelque façon que les hommes veuillent me voir, ils ne sauraient changer mon être, et malgré leur puissance et malgré toutes leurs sourdes intrigues, je continuerai, quoi qu'ils fassent, d'être en dépit d'eux ce que je suis.

Jean-Jacques Rousseau, *Rêveries du promeneur solitaire*, 1782.

a. **Soulignez les CC d'opposition/concession.**
b. **Réécrivez la phrase, sans ces compléments.**

....

c. **Déduisez ce que ces compléments nous apprennent sur la détermination de l'auteur.**

....
....
....
....

7 Candide lui obéit avec un profond respect ; et quoiqu'il fût interdit[1], quoique sa voix fût tremblante, quoique l'échine lui fît encore un peu mal, il lui raconta de la manière la plus naïve tout ce qu'il avait éprouvé, depuis le moment de leur séparation.

Voltaire, *Candide*, 1759.

1. interdit(e), adjectif : troublé(e) au point d'avoir des difficultés à parler.

Analysez par quel procédé grammatical s'exprime la concession dans cet extrait. Précisez le temps et le mode des verbes employés.

....
....

ÉCRITURE

8 **Vous vous faites l'avocat(e) d'une cause difficile que vous choisirez.**
Mettez en lumière une réalité positive, opposée à de fausses impressions négatives. Pour cela, variez les procédés d'expression de l'opposition et de la concession.

15 Exprimer la comparaison

Retenir et s'exercer

Corrigés des exercices 1 à 5, p. 91

- Dans la **phrase simple**, on peut établir une **comparaison** avec des **mots exprimant** une **idée de comparaison** et introduisant le plus souvent un complément. Ces mots peuvent être :

– un **pronom** ou une **locution prépositive** : *à la façon de, à la manière de, contrairement à, à la différence de...*

Composez un sonnet à la manière de Ronsard. → *à la manière de Ronsard* : CC de comparaison

– un **adjectif** : *tel, semblable (à), identique (à), différent (de), pareil (à)...*

Le poète est semblable au prince des nuées (Baudelaire) → *au prince des nuées* : c. de l'adjectif *semblable*

– un **verbe** ou une **locution verbale** : *sembler, ressembler à, paraître, avoir l'air de, différer...*

Le bonheur sec ressemble au pain sec. (Hugo) → *au pain sec* : COI de *ressemble*

À la différence de la comparaison, la **métaphore** (voir p. 82) n'utilise pas d'outils grammaticaux.

1 Complétez ces phrases avec des mots introducteurs de comparaison, choisis dans l'encadré ci-dessus.

1. .... à l'éléphant d'Afrique, celui d'Asie a de petites oreilles.
2. Ce tableau-ci semble .... à celui-là, mais il en .... par un détail imperceptible.
3. Dans la brume, les rochers .... d'être les ruines d'un château fort.
4. Pasticher un auteur signifie écrire .... de cet auteur.

- On peut également exprimer la comparaison avec un **adjectif** ou un **adverbe** mis au **comparatif** ou au **superlatif** (voir p. 6) et leur **complément** :

Ronsard est plus connu que Jodelle, son contemporain. → *que Jodelle...* : c. du comparatif *plus connu*

Ronsard est le plus célèbre des poètes de la Renaissance. → *des poètes de la...* : c. du superlatif *le plus célèbre*

2 a. Complétez ces phrases. b. Soulignez les comparaisons, comme dans les exemples ci-dessus. c. Relevez les compléments du comparatif et du superlatif.

1. L'âne est d'un naturel .... sensible, ... patient, ... tranquille que le cheval est fier, ardent, impétueux. (Buffon)

....

2. De toutes les pièces de Corneille, *Le Cid* est .... célèbre.

....

3. Molière est .... connu à l'étranger que Corneille. ....

- Dans la **phrase complexe**, la **comparaison** peut être exprimée par :

– une **subordonnée conjonctive CC de comparaison**, introduite par *comme, ainsi que, de même que, autrement que, plus que, autre... que, autant que...* :

Les souvenirs s'envolent comme volent les nuages.

Attention ! Le **verbe** peut être **sous-entendu** : *Les souvenirs s'envolent comme les nuages.*

– une **subordonnée conjonctive CC de comparaison hypothétique** (lorsqu'une condition s'ajoute à la comparaison), introduite par *comme si, de même que si, plus... que si.*

J'ai plus de souvenirs que si j'avais mille ans. (Baudelaire)

Comme n'est pas une préposition, mais une **conjonction de subordination.**

3 Vous voyez, les mots, c'est comme les notes. Il ne suffit pas de les accumuler. Sans règles, pas d'harmonie. Pas de musique. Rien que des bruits. La musique a besoin de solfège, comme la parole a besoin de grammaire.

Erik Orsenna, *La grammaire est une chanson douce*, © Stock, 2001.

Dans les passages soulignés, relevez : a. ce qui est comparé, b. ce à quoi on le compare. c. Surlignez les CC de comparaison.

a. .... b. .... • a. .... b. ....

4 **a. Réécrivez ces phrases en rétablissant le verbe qui a été sous-entendu dans la subordonnée conjonctive. b. Pourquoi la construction d'origine est-elle préférable ?**

1. L'onde était transparente ainsi qu'aux plus beaux jours. (La Fontaine)
2. Plus que le marbre dur me plaît l'ardoise fine (Du Bellay)

a. ....

....

b. ....

5 **Transformez les CC de comparaison en subordonnées de comparaison hypothétique.**

1. L'avenir, laisse-le donc comme l'arbre dérouler un à un ses branchages. (Saint-Exupéry)

....

2. Dans un univers où tout passe comme un songe, on s'en voudrait de durer toujours. (Yourcenar)

....

S'entraîner pour le BAC

REPÉRAGE, ANALYSE ET MANIPULATION

6

Comme de longs échos qui de loin se confondent
Dans une ténébreuse et profonde unité,
Vaste comme la nuit et comme la clarté,
Les parfums, les couleurs et les sons se répondent.

Charles Baudelaire, « Correspondances », *Les Fleurs du Mal,* 1857.

a. Quel vers fait écho au premier vers pour établir une comparaison ? ....
Recopiez ces deux vers, en les inversant.

....

....

b. Qu'est-ce qui est comparé à la nuit et à la clarté ? ....

c. Quel est le procédé grammatical utilisé dans ces vers pour exprimer des comparaisons ?

....

....

7 L'éclat métallique de l'eau terni soudain se transforme en une teinte ardoisée. Le ciel est pur, sans nuage.
Tout à coup autour de nous, sur la mer aussi nette qu'une plaque d'acier, glissent de place en place, rapides, effacés aussitôt qu'apparus, des frissons presque imperceptibles, comme si on eut jeté dedans mille pincées de sable menu.

Guy de Maupassant, *Sur l'eau*, 1888.

Soulignez les comparaisons. Pour chacune d'elles, précisez le procédé utilisé pour l'exprimer.

....

....

....

....

....

....

ÉCRITURE

8 **Sur le modèle du texte précédent, décrivez, de façon poétique, un paysage qui évolue au cours de la journée.** Utilisez de nombreuses comparaisons en variant les procédés.

16 Le mot *que* et les subordonnées introduites par *que*

Retenir et s'exercer

Corrigés des exercices 1 à 6, p. 91

classe grammaticale de *que*		exemples	comment l'identifier ?
pronom	relatif	• *Le poème **que** je lis est de Prévert.*	• ***que*** remplace *poème*, il introduit une **subordonnée relative**, il est COD de *lis*.
	interrogatif	• ***Que** dis-tu ?*	• = *Qu'est-ce que tu dis ?* [***que*** : COD de *dis*]
conjonction	de subordination	• *On prétend **que** c'est la vérité.*	• ***que*** n'a aucune fonction. Il introduit une **subordonnée conjonctive**.
	de comparaison	• *Un alexandrin est plus long **qu'**un décasyllabe.*	• ***que*** suit un comparatif ou *autre, même, plus, aussi, moins, tel…*
adverbe	exclamatif	• ***Que** c'est beau !*	• On peut remplacer ***que*** par *comme*.
	restrictif (*ne… que*)	• *Elle ne lit **que** des romans.*	• *ne… que = seulement*

1 **a. Indiquez la classe grammaticale de chaque *que (qu')*.**
b. Dans le cas d'un pronom relatif, soulignez son antécédent.

1. **Que** penser de cette publicité **que** l'on voit partout ? ....
2. On imagine mal **que** *Madame Bovary* ait tant choqué à son époque. ....
3. Il y a plus de pages dans *Germinal* **que** dans *Thérèse Raquin*. ....
4. On ne voyait **qu'**une étendue désertique. ....

2 Les dieux avaient condamné Sisyphe à rouler sans cesse un rocher jusqu'au sommet d'une montagne d'où la pierre retombait par son propre poids. Ils avaient pensé avec quelque raison **qu'**il n'est pas de punition plus terrible que le travail inutile et sans espoir. On a compris déjà que Sisyphe est le héros absurde. Il l'est autant par ses passions que par ses tourments.

Albert Camus, *Le Mythe de Sisyphe*, © Gallimard, 1942.

a. Expliquez pourquoi le mot en gras n'est pas un pronom relatif.

....

....

b. Indiquez la nature des autres *que*.

....

....

3 **Étudiez les emplois du mot *que* dans cet extrait : nature et rôle dans la phrase.**

Dans tous les châteaux en Espagne de sa jeunesse, il s'était dit qu'aucune dame comme il faut ne daignerait lui parler que quand il aurait un bel uniforme.

Stendhal, *Le Rouge et le Noir*, 1830.

....

....

• Le mot ***que*** peut introduire une phrase injonctive au subjonctif, exprimant l'**ordre** ou la **défense**.
Que chacun dise la vérité. Que = Il faut que

4 **Précisez l'emploi du mot *que* dans chacune de ces phrases.**

1. Que la fête commence ! ....

2. Que vous êtes joli ! que vous me semblez beau ! (La Fontaine) ....

subordonnées introduites par *que*	fonction de la subordonnée	fonction de *que*
subordonnée relative	complément de son antécédent *Lis le poème que j'ai écrit.* c. de l'antéc. *poème*	*Que* est COD du verbe de la **sub. relative** : *ai écrit*.
subordonnée conjonctive	mêmes fonctions qu'un GN sujet : *Qu'ils viennent nous comblerait.* attribut : *L'objectif est que tous participent.* etc.	La conjonction de subordination *que* n'a **aucune fonction**.

5 **Soulignez les subordonnées relatives. Surlignez les subordonnées conjonctives.**

1. On s'aperçut que la mer était phosphorescente. Jeanne et le vicomte, côte à côte, regardaient ces lueurs mouvantes que la barque laissait derrière elle. (Maupassant) **2.** Rien ne fut omis dans la formation que ma mère entendait me donner pour faire de moi un homme du monde. (Romain Gary) **3.** Les parents de Noémie, s'ils vivent dans l'angoisse que le jeune homme se dérobe, n'imaginent même pas qu'aucune objection vienne de leur fille. (Mauriac)

6 **Soulignez les subordonnées, indiquez leur nature et leur fonction.**

1. Admettons que vous ayez raison. ....

2. Exprimez l'impression que vous avez ressentie. ....

3. Ils avaient la sensation qu'ils vivaient un rêve. ....

4. Que la neige tombe en abondance paralyserait le trafic. ....

5. L'idéal serait qu'un compromis soit enfin trouvé. ....

S'entraîner pour le BAC

REPÉRAGE ET ANALYSE

7 *Un concierge témoigne à un procès.*

En arrivant, le concierge m'a regardé et il a détourné les yeux. Il a répondu aux questions qu'on lui posait. Il a dit que je n'avais pas voulu voir maman, que j'avais fumé, que j'avais dormi et que j'avais pris du café au lait. J'ai senti alors quelque chose qui soulevait toute la salle et, pour la première fois, j'ai compris que j'étais coupable. [...] Le vieux a dit d'un air embarrassé : « Je sais bien que j'ai eu tort. Mais je n'ai pas osé refuser la cigarette que Monsieur m'a offerte. »

Albert Camus, *L'Étranger*, © Gallimard, 1942.

a. Relevez les subordonnées introduites par *que* et faites-en l'analyse : nature et fonction. ....

....

....

....

....

b. Est-il possible de supprimer : les subordonnées relatives ? .... **les subordonnées conjonctives ?** .... **Lesquelles sont les plus importantes pour la compréhension du texte ?** ....

....

ÉCRITURE

8 **Résumez un livre, une nouvelle ou un article de journal. Puis donnez votre avis.**

Veillez à utiliser plusieurs fois le mot *que*, ainsi que des subordonnées introduites par *que*. Variez leurs classes grammaticales et leurs fonctions.

17 Le verbe : temps, modes, voix

Retenir et s'exercer

Corrigés des exercices 1 à 6, p. 92

modes personnels	emplois	exemples
indicatif	faits réels ou réalisables	*J'appelle mes amis.*
subjonctif	faits possibles ou voulus	*Je voudrais qu'ils viennent.*
impératif	ordres, conseils, etc.	*Venez !*
conditionnel	hypothèses	*Ils viendraient s'ils le pouvaient.*
modes impersonnels	**formes simples**	**formes composées**
infinitif	*parler • devenir*	*avoir parlé • être devenu*
participe	*parlant • devenant*	*ayant parlé • étant devenu*
gérondif	*en parlant • en devenant*	*en ayant parlé • en étant devenu*

1 Mettez les verbes en italique au mode voulu. Précisez ce mode.

1. Il est temps que tu (*prendre*) .... ton destin en main. ....
2. Ne (*négliger*) .... aucun détail, (*être*) .... très attentifs. ....
3. Tu (*courir*) .... plus vite si tu étais moins chargé. ....
4. Après (*lire*) .... le message, elle le détruisit. ....
5. (*Tenir*) .... ces propos, tu as choqué l'auditoire. ....

indicatif : temps simples	indicatif : temps composés
présent : *elle accepte et elle sort*	passé composé : *elle a accepté et elle est sortie*
futur : *elle acceptera et elle sortira*	futur antérieur : *elle aura accepté et elle sera sortie*
imparfait : *elle acceptait et elle sortait*	plus-que-parfait : *elle avait accepté et elle était sortie*
passé simple : *elle accepta et elle sortit*	passé antérieur : *elle eut accepté et elle fut sortie*

2 Soulignez les verbes à l'indicatif et indiquez leur temps.

1. J'avais fini, mais je restai encore un peu à rêver. ....
2. Dès qu'on eut annoncé les résultats, les commentaires fusèrent. ....
3. Nous comprendrons mieux la situation, quand du temps aura passé. ....
4. Je ne sais pas où j'ai mis ce dossier, je croyais l'avoir posé là. ....
5. L'exposition finit bientôt, l'avez-vous visitée ? ....

3 Réécrivez cette phrase : a. au passé simple ; b. au passé composé.

Mais le soleil descend vers la mer, la transforme en métal, en verre opaque. (Le Clézio)

Attention à l'accord du participe passé.

a. ....

b. ....

voix	caractéristiques	exemples
active	Le sujet fait l'action du verbe.	*L'architecte dessine les plans.*
passive	Le verbe se conjugue avec l'auxiliaire *être* et le participe passé du verbe ; le sujet **subit** l'action du verbe.	*Les plans sont dessinés par l'architecte.*
pronominale	Le verbe se conjugue avec un **pronom réfléchi**.	*Nous nous verrons bientôt.*

4 **Soulignez les verbes à la voix active et surlignez les verbes à la voix passive. Entourez les verbes pronominaux.**

1. La nouvelle qui avait été divulguée s'est révélée fausse.
2. Ils se sont aperçus que tout ce qui s'était dit ce jour-là était enregistré.
3. Nous sommes arrivés dans la ville et n'en sommes plus repartis.
4. Quand l'incendie fut maîtrisé, la forêt était devenue un désert,

5 **Ces verbes sont à la voix active, mettez-les à la voix passive.**

ils ont remarqué : .... • elle eut aimé : ....
je découvrirais : .... • avoir compris : ....
qu'elles aient vu : .... • écoutez : ....
vous auriez admiré : .... • lire : ....

- Un **verbe impersonnel** a pour **sujet** le pronom personnel **indéterminé** *il* qui ne représente **rien** ni **personne** : ***Il vente et il grêle. Il faut partir.***
- Certains verbes peuvent être employés de façon personnelle et impersonnelle. ***Une lettre manque dans ce mot.*** (personnel) ***Il manque une lettre dans ce mot.*** (impersonnel)

6 **a. Soulignez les verbes impersonnels et non pronominaux.**
b. Surlignez les verbes qui sont à la fois impersonnels et pronominaux.

Quand un verbe est impersonnel, on ne peut pas remplacer *il* par un autre pronom.

1. Il est temps de rentrer, il se fait tard.
2. Il arrive et il est accueilli par les siens.
3. Il arrive qu'il neige en mai. **4.** Il est impossible qu'il se soit trompé.
4. Il ne reste plus rien de la fête, il faut tout ranger, mais il est bien las.
5. Il se rend compte qu'il se prépare un événement insolite. Il s'agit d'être prudent.
6. Il tombe de la grêle et le sol est glissant : il tombe et se relève aussitôt.

S'entraîner pour le BAC

REPÉRAGE ET MANIPULATION

7 Ils lui offrirent leurs services, en lui demandant qui il était et où il allait. Le jeune homme leur répondit qu'il n'en savait rien, qu'il était curieux, qu'il avait voulu voir comment les côtes de France étaient faites, qu'il était venu et allait s'en retourner.
Monsieur le prieur, jugeant à son accent qu'il n'était pas Anglais, prit la liberté de lui demander de quel pays il était. « Je suis Huron[1], » lui répondit le jeune homme.

Voltaire, *L'Ingénu*, 1767.

1. Huron : membre d'une peuplade indienne d'Amérique du Nord.

a. Relevez les verbes à l'indicatif et classez-les selon leur temps.

présent : .... • **imparfait :** ....
....
passé simple : .... • **plus-que parfait :** ....

b. Relevez un participe présent : .... • **et un gérondif :** ....

c. Quel verbe est à la voix passive ? .... **Quel est son temps ?** ....

d. Relevez un verbe à la voix pronominale : .... **Conjuguez-le au présent de l'indicatif.**
....
....

ÉCRITURE

8 **Imaginez une suite au texte de Voltaire. Insérez des dialogues dans votre récit.**
Variez les temps, les modes et les voix.

18 La conjugaison de l'indicatif

Retenir et s'exercer

Corrigés des exercices 1 à 4, p. 92

temps simples		
temps	**terminaisons**	**exemples**
présent	• 1er groupe (-*er*) : *-e, -es, -e, -ons, -ez, -ent* • 2e groupe (-*ir*, -*issant*) : *-is, -is, -it, -issons, -issez, -issent* • 3e groupe (-*ir* [-*ant*], -*oir*, -*re*) : *-s, -s, -t, -ons, -ez, -ent* verbes en -*dre* (sauf en -*indre* et -*soudre*) : *-ds, -ds, -d ...* • *vouloir, pouvoir* : *-x, -x, -t...*	→ *aider : j'aide, tu aides, il aide, nous aidons, vous aidez, ils aident* → *agir : j'agis, tu agis, elle agit, nous agissons, vous agissez, ils agissent* → *partir : je pars, tu pars, il part, nous partons, vous partez, ils partent* *attendre : j'attends* • *prendre : il prend* *pouvoir : je peux* • *vouloir : je veux*
futur	tous les verbes : *-(r)ai, -(r)as, -(r)a, -(r)ons, -(r)ez, -(r)ont*	→ *faire : je ferai, tu feras, il fera, nous ferons, vous ferez, ils feront* • *voir : je verrai* *pouvoir : je pourrai* • *courir : je courrai* *mourir : je mourrai*
imparfait	tous les verbes : *-ais, -ais, -ait, -ions, -iez, -aient*	→ *copier : je copiais, nous copiions* *essayer : tu essayais, vous essayiez*
passé simple	• 1er groupe : *-ai, -as, -a, -âmes, -âtes, -èrent* • 2e groupe : *-is, -is, -it, -îmes, -îtes, -irent* • 3e groupe : terminaisons *-is...*, *-us...* ou *-ins...* ; radical souvent irrégulier	→ *gérer : je gérai, tu géras, il géra, nous gérâmes, vous gérâtes, ils gérèrent* → *unir : j'unis, tu unis, il unit, nous unîmes, vous unîtes, ils unirent* → *dire : je dis* • *voir : je vis* • *lire : je lus* *venir : je vins, nous vînmes*

1 **Mettez ces verbes au temps et à la personne indiqués.**

1. *envoyer et attendre*, présent : j' ....

2. *essayer et parvenir*, imparfait : nous ....

3. *courir et atteindre*, futur : vous ....

4. *rire et avouer*, passé simple : je ....

5. *conclure et sortir*, passé simple : elle ....

6. *haïr et rejeter*, présent : tu ....

7. *naître, vivre et mourir*, passé simple : ils ....

8. *appuyer, clouer, enfoncer*, imparfait : nous ....

9. *voir et apprécier*, futur : tu ....

10. *travailler et créer*, imparfait : vous ....

11. *découvrir et admirer*, passé simple : je ....

2 **Ce texte est au présent, réécrivez-le : a. au futur ; b. au passé simple.**

Je passe à Jarrot, je monte à Caire, j'arrive à Reculet ; je vois les trois maisons passer à travers la pluie dans mon pare-brise ; je prends un chemin montagnard et je monte en troisième.

Jean Giono, *Faust au village*, © Gallimard, 1977.

a. ....

....

....

b. ....

....

temps composés		
temps	**caractéristiques**	**exemples**
passé composé	auxiliaire *avoir* ou *être* au présent + participe passé du verbe	*bâtir : j'ai bâti* *entrer : je suis entré(e)*
futur antérieur	auxiliaire *avoir* ou *être* au futur + participe passé du verbe	*j'aurai bâti, je serai entré(e)*
plus-que-parfait	auxiliaire *avoir* ou *être* à l'imparfait + participe passé du verbe	*j'avais bâti, j'étais entré(e)*
passé antérieur	auxiliaire *avoir* ou *être* au passé simple + participe passé du verbe	*j'eus bâti, je fus entré(e)*

3 **Réécrivez cette phrase aux quatre temps composés de l'indicatif.**
Ils réfléchissent, débattent puis se décident.

1. passé composé : ……………………
2. futur antérieur : ……………………
3. plus-que-parfait : ……………………
4. passé antérieur : ……………………

4 **a. À quel temps est ce texte ?** …………………… **b. Réécrivez-le au : plus-que-parfait • futur antérieur.**

Les oiseaux sont nés, ont disparu dans les tempêtes, dévorés par l'horizon. Le corps de mon grand-père a vieilli, s'est endurci, sa silhouette est devenue plus mince, plus fragile.

J.M.G. Le Clézio, *Voyage à Rodrigues*, © Gallimard, 1986.

……………………

S'entraîner pour le BAC

REPÉRAGE ET MANIPULATION

5 Nana, amusée tout d'un coup par la vue de son père, tapait dans ses petites mains. Elle s'était assise sur le trottoir, pour mieux voir là-haut.
– Papa ! papa ! criait-elle de toute sa force ; papa ! regarde donc !
Le zingueur voulut se pencher, mais son pied glissa. Alors, brusquement, bêtement, comme un chat dont les pattes s'embrouillent, il roula, il descendit la pente légère de la toiture sans pouvoir se rattraper.

Émile Zola, *L'Assommoir*, 1877.

a. Relevez et classez les verbes à l'indicatif selon leur temps.

……………………

b. Mettez les verbes au passé composé, à la même personne.

……………………

ÉCRITURE

6 **Imaginez une suite au texte de Zola.** Rédigez votre récit en mettant les faits principaux au présent. Puis réécrivez-le sous forme de récit au passé simple. Respectez la concordance des temps (voir p. 46).

19 L'emploi des temps de l'indicatif

Retenir et s'exercer

Corrigés des exercices 1 à 6, p. 92

- Le **présent** peut avoir des emplois variés :
  - présent d'**actualité** : *À quoi pensez-vous ?*
  - présent de **vérité générale** : *Certains oiseaux **migrent** à l'approche de l'hiver.*
  - **passé proche** ou **futur proche** : *Je **finis** à l'instant. / Je **sors** tout de suite.*
  - présent d'**habitude** ou de **répétition** : *Les cours **commencent** à neuf heures, le lundi.*
  - **ordre, conseil, interdiction** : *Vous **écoutez** et vous n'**interrompez** pas.*
  - **récit** au présent : *Un soir de juin 1805, une diligence **s'arrête** devant la porte de l'auberge.*

1 **Soulignez les présents et justifiez leur emploi.**

1. Demain, mon camarade et moi, nous faisons un exposé et comme toujours, nous avons le trac.
• .... • ....
2. Archimède naît à Syracuse en 297 avant J.-C. Selon le principe d'Archimède, tout corps plongé dans un fluide reçoit une poussée dirigée de bas en haut… • .... • ....

2 Rien ne troublait le silence de l'avenue, sauf nos voix, à Magdebourg et à moi. De quoi parlions-nous ? De choses qui n'ont plus aujourd'hui la moindre importance. J'essaye de revivre ce moment mais je n'entends plus ce que me dit Magdebourg.

Patrick Modiano, *Vestiaire de l'enfance*, © Gallimard, 1989.

a. **Soulignez ce qui appartient au passé. À quel temps sont les verbes ?** ....
b. **Quel mot prouve que le reste appartient au présent ?** ....
c. **Quelle est la valeur des présents de ce passage ?** ....

- Le **futur** situe les faits dans l'avenir, après le moment de l'énonciation.
- À la 2e personne, il permet aussi d'exprimer un **ordre**, un **conseil** ou une **interdiction**.
  *Vous **ferez** un compte rendu de votre sortie.*
- À la 1re personne, on peut l'utiliser pour une **promesse**. *Je **serai** toujours là pour toi.*

3 **Soulignez les futurs et précisez leur emploi.**

1. Nous vous donnerons tout ce dont vous aurez besoin. .... • ....
2. Vous ferez passer le message quand vous le recevrez. .... • ....

- Emploi des temps dans un **récit au passé** :
  - **passé simple** (faits **de premier plan**) : faits bien **délimités** dans le temps, **isolés** ou qui se sont **succédé**. *L'orateur **monta** à la tribune et **prit** la parole.*
  - **imparfait** (faits **d'arrière-plan**) : faits considérés dans leur **durée**, leur **déroulement**, faits **habituels**, **descriptions**. *L'auditoire **écoutait**, subjugué.* → fait en cours de déroulement → **aspect « non accompli »**.
  - **présent** **de narration**, utilisé avec des temps du **passé** : donne du **relief** aux faits exprimés, les rend plus vivants. *Tout était silencieux. Tout à coup un brouhaha **couvre** la voix de l'orateur.*

L'**aspect** est la manière dont on envisage le **déroulement** d'un fait : en cours de déroulement, achevé, etc.

4 **Complétez ce récit en mettant les verbes en italique au passé simple ou à l'imparfait.**

Vers le milieu du jour, il (*atteindre*) .... un endroit où la nappe d'eau, environnée de saules, (*former*) .... une espèce de lac. Il (*s'arrêter*) .... pour contempler ce frais et touffu bocage, dont la grâce champêtre (*agir*) .... sur son âme. Une maison attenant à un moulin assis sur un bras de la rivière (*montrer*) .... entre les têtes d'arbres son toit de chaume.

D'après **Honoré de Balzac**, *Illusions perdues*, 1837.

5 **Modifiez légèrement cette phrase pour qu'elle contienne un présent de narration.**
Elle ouvre le journal et commence à lire, soudain, elle éclate de rire.

....

- Emplois **principaux** des **temps composés** :
  – **antériorité** : fait situé **avant un autre fait** qui est généralement au **temps simple** correspondant.
  *Le navigateur raconte ce qu'il **a vécu**. Le navigateur racontera ce qu'il **aura vécu**.*
  – **aspect accompli** : action présentée comme **achevée** au moment considéré.
  *Dans deux jours, son bateau **aura atteint** les côtes.*
- Le **passé composé remplace le passé simple** dans certains récits et dans la langue orale.
  *Hier, nous fîmes des exercices de numérisation. → Hier, nous **avons fait** des exercices de numérisation.*
  Il peut exprimer un fait passé dont les **conséquences durent** encore : *J'ai trouvé une solution.*
- Le **futur antérieur** peut exprimer une **supposition** : *Il aura encore oublié le rendez-vous.*

6 **Soulignez les verbes à un temps composé. Notez ce temps. Précisez son emploi.**
1. Quand on eut immobilisé l'animal, le vétérinaire s'approcha de lui.

....

2. C'est un court-circuit qui aura provoqué l'incendie. ....

3. Ne m'approchez pas, j'ai attrapé la grippe. ....

....

S'entraîner pour le BAC

REPÉRAGE, ANALYSE ET MANIPULATION

7 Les Chinois voient l'heure dans l'œil des chats.
Un jour un missionnaire, se promenant dans la banlieue de Nankin, s'aperçut qu'il avait oublié sa montre, et demanda à un petit garçon quelle heure il était.
Le gamin du céleste Empire hésita d'abord ; puis, se ravisant, il répondit : « Je vais vous le dire. » Peu d'instants après, il reparut, tenant dans ses bras un fort gros chat, et le regardant, comme on dit, dans le blanc des yeux, il affirma sans hésiter : « Il n'est pas encore tout à fait midi. » Ce qui était vrai.

Charles Baudelaire, *Petits Poèmes en prose*, 1869.

a. Relevez les verbes au présent et indiquez leur valeur.

....

b. À quoi reconnaissez-vous que la 2e phrase est une phrase de récit ? ....

....

Réécrivez-la pour en faire : un récit au passé composé : ....

....

....

un récit au présent : ....

....

c. À quel temps est *avait oublié* ? ....

Expliquez son emploi. ....

....

ÉCRITURE

8 **Documentez-vous sur un auteur que vous appréciez et faites le récit de sa vie.**
Utilisez le passé simple pour les faits de premier plan. Vous pourrez employer d'autres temps, en respectant la concordance des temps (voir p. 46).

20 Le subjonctif et ses emplois

Retenir et s'exercer

Corrigés des exercices 1 à 5, p. 92

- subjonctif présent → terminaisons *-e, -es, -e, -ions, -iez, -ent*.
  Voir : [il faut que] je voie, tu voies, il voie, nous voyions, vous voyiez, ils voient.
  Attention ! *être : [il faut que] je sois, tu sois, il soit, nous soyons, vous soyez, ils soient.*
  avoir : [il faut que] j'aie, tu aies, il ait, nous ayons, vous ayez, ils aient.
- subjonctif passé → *avoir* ou *être* au subjonctif présent + participe passé du verbe.
  Voir : que j'aie vu ; aller : que je sois allé(e).
- subjonctif imparfait → radical du passé simple + terminaisons :
  -sse, -sses, (-â, -î, -û, -în)t, -ssions, -ssiez, -ssent.
  Faire : [il fallait que] je fisse, tu fisses, il fît, nous fissions…
- subjonctif plus-que-parfait → *avoir* ou *être* au subjonctif imparfait + participe passé du verbe.
  Voir : que j'eusse vu ; venir : que tu fusses venu(e), qu'il fût venu.

1 Soulignez les verbes au subjonctif.

On constate que les verbes du premier groupe présentent des formes identiques à l'indicatif et au subjonctif. Voulez-vous qu'on vous donne un procédé simple qui les différencie ? Il faut que vous remplaciez le verbe du 1er groupe par un autre qui appartienne au 3e groupe *(venir, faire, prendre…)*. Il est important, si vous étudiez un texte, que vous identifiiez les modes utilisés par l'auteur.

2 Mettez ces verbes : a. au présent et au passé du subjonctif ; b. à l'imparfait et au plus-que-parfait du subjonctif : *courir, s'enfuir, retenir, croire, se souvenir.*

a. que je	**b. que je** ....
a. que tu	**b. que tu** ....
a. qu'elle	**b. qu'elle** ....
a. qu'ils	**b. qu'ils** ....
a. qu'il	**b. qu'il** ....

3 Classez ces verbes selon leur temps et leur mode : *vous dites, nous lûmes, elle avançât, nous faisions, je prévoie, il eut compris, vous soyez allé(e)s, ils eussent tenté.*

indicatif	subjonctif
présent :	présent : ....
imparfait :	imparfait : ....
passé simple :	passé : ....
passé antérieur :	plus-que-parfait : ....

- Dans les propositions indépendantes ou principales, le subjonctif exprime :
  – l'ordre ou l'interdiction : *Qu'il dise la vérité ! Qu'il ne dise pas la vérité !*
  – le souhait : *Pourvu qu'il dise la vérité !*
  – la condition : *Qu'il dise la vérité et nous serons sauvés. (= S'il dit la vérité, nous serons sauvés.)*
  – la surprise ou l'indignation : *Lui, qu'il dise la vérité !*

4 Moi ! que je donne de l'argent pour avoir repoussé les Anglais ? que je paye le droit de me faire tuer pour vous, pendant que vous donnez ici vos audiences tranquillement ? […] en un mot, je veux être utile : qu'on m'emploie et qu'on m'avance.

Voltaire, *L'Ingénu*, 1767.

Relevez les subjonctifs et classez-les selon ce qu'ils expriment.

....

- On rencontre le subjonctif dans des subordonnées **conjonctives** :
  – **sujet** : *Que vous participiez à la réunion est important.*
  – **attribut du sujet** : *L'essentiel est que chacun **puisse** s'exprimer.*
  – **COD** de verbes de volonté, de souhait, de crainte… : *Je voudrais que tu sois là.*
  – **c. d'adjectifs exprimant un sentiment** : *Nous sommes heureux que vous **ayez** réussi.*
  – **circonstancielles**, après *pour que, bien que, à condition que, avant que, jusqu'à ce que*… *Elle participera à la réunion bien qu'elle **ait** du travail.* (concession)
- On trouve parfois le subjonctif dans des phrases **interrogatives** ou **négatives**, après des verbes d'opinion : *Crois-tu qu'il **vienne** ? Je ne crois pas qu'il **vienne**.* (Il s'agit d'une hypothèse douteuse.)

5 [Le roi] était triste, en ce temps, que la marquise n'eût point voulu du château de Clagny qu'il avait acheté pour elle. Elle l'avait trouvé trop petit : « Cela est à peine bon pour une fille d'opéra », s'était-elle écriée, et elle avait donné ordre qu'on le démolît.

Françoise Chandernagor, *L'Allée du Roi*, © Julliard, 1981.

a. Soulignez les subordonnées au subjonctif et justifiez leur emploi.

....

b. Complétez cette phrase avec une subordonnée conjonctive sujet au subjonctif.

.... attrista le roi.

S'entraîner pour le BAC

REPÉRAGE ET ANALYSE

6 *Camille reproche à son frère Horace d'avoir tué son fiancé qui était dans le camp ennemi.*

CAMILLE

Tigre altéré de sang, qui me défends les larmes,
Qui veux que dans sa mort je trouve encor des charmes,
Et que jusques au ciel élevant tes exploits,
Moi-même je le tue une seconde fois !
Puissent tant de malheurs accompagner ta vie,
Que tu tombes au point de me porter envie !
[…]

HORACE

O ciel ! qui vit jamais une pareille rage !
Crois-tu donc que je sois insensible à l'outrage,
Que je souffre[1] en mon sang ce mortel déshonneur ?

1. souffrir : ici, *supporter*.

Corneille, *Horace*, 1640.

a. Soulignez les verbes au subjonctif. b. Expliquez l'emploi du subjonctif dans les vers 2 et 5, en fonction de la nature des propositions qui les contiennent.

....

....

c. Dans la réplique d'Horace, comment se justifie l'emploi des subjonctifs ?

....

....

....

ÉCRITURE

7 Rédigez les conseils que vous donneriez à un(e) élève qui ne maîtrise pas la prise de notes.
Commencez plusieurs phrases par : *Qu'il* (*elle*)…. Utilisez également des subordonnées au subjonctif.

21 Le conditionnel et ses emplois

Retenir et s'exercer

Corrigés des exercices 1 à 6, p. 92

- La **conjugaison du conditionnel** :
  – **conditionnel présent** → radical du futur + terminaisons de l'imparfait.
  Dire : *je dirais, tu dirais, il dirait, nous dirions, vous diriez, elles diraient.*
  – **conditionnel passé** → *avoir* ou *être* au conditionnel présent + participe passé du verbe.
  Dire : *j'aurais dit, il aurait dit, nous aurions dit, elles auraient dit.*
  Venir : *je serais venu(e), elle serait venue, nous serions venu(e)s, ils seraient venus.*
- Il existe un **conditionnel passé « 2e forme »** qui se conjugue comme le subjonctif plus-que-parfait et appartient à la langue littéraire : *j'eusse pensé (= j'aurais pensé)*

1 **Soulignez les verbes au conditionnel présent. Surlignez le verbe au conditionnel passé.**

Ils parlaient de ce qu'ils feraient plus tard, quand ils seraient sortis du collège. D'abord, ils entreprendraient un grand voyage avec l'argent que Frédéric prélèverait sur sa fortune, à sa majorité. Puis ils reviendraient à Paris, ils travailleraient ensemble [...].

Gustave Flaubert, *L'Éducation sentimentale*, 1869.

2 **Complétez les phrases avec les verbes en italique au temps du conditionnel qui convient.**

1. La navette (*décoller*) .... en mai prochain. **2.** Nous pensions que vous (*finir*).. entièrement votre travail à notre retour. **3.** Elle (*préférer*) .... une trottinette électrique, mais elle a dû se contenter de celle-ci. **4.** On recherche quelqu'un qui (*connaître*).. ce langage informatique.

- **On emploie** le conditionnel pour exprimer :
  – une **hypothèse**, après une **subordonnée de condition** (voir p. 28). *Si j'étais un oiseau, je serais un goéland.*
  – une **supposition**, un fait **possible** mais **incertain** : *L'épreuve serait reportée.*
  – un **souhait**, un **rêve** ou un **regret** : *Nous communiquerions par la pensée.*
  – une **atténuation** (ordre, reproche, conseil… polis) : *Tu devrais nous faire confiance.*

3 **Reformulez ces phrases pour que le verbe soit au conditionnel. Dites ce qu'il exprime.**

1. Je me surprends à imaginer que tu es Roméo et que je suis Juliette. ....
....
2. Il est déplorable que je ne t'aie pas écouté. ....
3. Sans curiosité intellectuelle, pas de progrès scientifique. ....
....

4 En vérité, messieurs, si vous rencontriez un homme d'âge mûr qui veillât à la police d'une fourmilière, pour tantôt donner un soufflet à la fourmi qui aurait fait choir sa compagne ; tantôt en emprisonner une qui aurait dérobé à sa voisine un grain de blé ; tantôt mettre en justice une autre qui aurait abandonné ses œufs, ne l'estimeriez-vous pas insensé de vaquer à des choses trop au-dessous de lui, et de prétendre assujettir à la raison des animaux qui n'en ont pas l'usage ?

Savinien Cyrano de Bergerac, *L'Autre Monde ou Les États et empires de la Lune*, 1657.

a. **Soulignez la proposition principale dont la proposition soulignée est la subordonnée.**
b. **À quel temps et à quel mode est son verbe ?** ....
c. **Surlignez les autres conditionnels du texte. Indiquez leur temps.** ....
d. **Qu'expriment ces conditionnels ?** ....

- Le **conditionnel présent** peut être utilisé pour **situer** un fait **après** un fait **passé** qui sert de repère. C'est le **futur dans le passé**. *Nous pensions qu'une orientation scientifique lui conviendrait.*
  (fait 1 : pensions ; fait 2 : conviendrait)
- Le **conditionnel passé** peut être utilisé pour **situer** un fait **après** un fait passé et **avant** un autre fait au futur dans le passé. C'est le **futur antérieur dans le passé**.
  Il a promis qu'il donnerait de ses nouvelles dès qu'il serait arrivé.
  (fait 1 : a promis ; fait 3 : donnerait ; fait 2 : serait arrivé)

5 **Réécrivez ces phrases en mettant le verbe de la principale à un temps du passé.**

1. Les envieux disent que vous ne pourrez jamais y arriver.

....

2. On ne peut pas prévoir quand il aura fini son discours.

....

6 **Soulignez les conditionnels et réécrivez la phrase qui les contient en mettant le verbe de la principale au présent.**

Pour comble de malheur, cette gouttière était terminée par un tuyau de plomb qui fléchissait sous le poids de son corps. L'archidiacre sentait ce tuyau ployer lentement. Il se disait, le misérable, que quand ses mains seraient brisées de fatigue, quand sa soutane serait déchirée, quand ce plomb serait ployé, il faudrait tomber, et l'épouvante le prenait aux entrailles.

Victor Hugo, *Notre-Dame de Paris*, 1831.

....

....

S'entraîner pour le BAC

REPÉRAGE, ANALYSE ET MANIPULATION

7 *(Tous les hommes se sont métamorphosés en rhinocéros, sauf Béranger.)*

« J'ai la peau flasque. Ah, ce corps trop blanc et poilu ! Comme je voudrais avoir une peau dure et cette magnifique couleur d'un vert sombre, une nudité décente, sans poils, comme la leur ! (*Il écoute les barrissements.*) Leurs chants ont un charme certain ! Si je pouvais faire comme eux. [...] Comme j'ai mauvaise conscience, j'aurais dû les suivre à temps. Trop tard maintenant ! Hélas, je suis un monstre, je suis un monstre. Hélas, jamais je ne deviendrai rhinocéros, jamais, jamais ! Je ne peux plus changer. Je voudrais bien, je voudrais tellement, mais je ne peux pas. »

Eugène Ionesco, *Rhinocéros*, © Gallimard, 1959.

a. **Relevez les verbes au conditionnel et précisez ce qu'ils expriment.**

....

b. **Une phrase n'est constituée que d'une subordonnée de condition. Copiez-la et complétez-la par une principale.**

....

c. **À quel temps et à quel mode est *deviendrai* ?** ....
Expliquez ce changement de mode par rapport aux conditionnels du texte.

....

ÉCRITURE

8 **Poursuivez le texte de Flaubert, exercice 1, en imaginant des rêves et des projets formulés par les deux amis.**
Utilisez de nombreux conditionnels présents et quelques conditionnels passés.

22 La concordance des temps

Retenir et s'exercer

Corrigés des exercices 1 à 4, p. 92

- L'emploi d'un **temps** dans une **subordonnée** à **l'indicatif** ou au **subjonctif** dépend du **temps de la principale** et obéit à des règles qu'on appelle les règles de la **concordance des temps**.

Concordance des temps dans les subordonnées à l'indicatif			
temps de la principale	temps de l'indicatif dans la subordonnée		
	fait antérieur	fait simultané	fait postérieur
• présent, futur, impératif *Il prouve… (Il prouvera… prouve…)*	• passé composé *qu'il a compris* • ou imparfait *qu'il comprenait*	• présent *qu'il comprend*	• futur *qu'il comprendra*
• temps du passé *Il prouvait…*	• plus-que-parfait *qu'il avait compris*	• imparfait *qu'il comprenait*	• futur dans le passé *qu'il comprendrait*

Pour le futur dans le passé (conditionnel présent), voir p. 4

1 Réécrivez cette phrase en appliquant les règles de la concordance des temps.
On nous explique comment se déroule l'épreuve.

1. (*fait simultané*) On nous a expliqué comment .... l'épreuve.
2. (*fait postérieur*) On nous explique comment .... l'épreuve
3. (*fait antérieur*) On nous expliquait comment .... l'épreuve.
4. (*fait antérieur*) On nous expliquera comment .... l'épreuve.
5. (*fait simultané*) Expliquez-nous comment .... l'épreuve.
6. (*fait postérieur*) On nous expliqua comment .... l'épreuve.
7. (*fait antérieur, habituel*) On nous explique comment .... l'épreuve.

2 Transformez ce texte en récit au passé et retrouvez le texte original, extrait de *La Princesse de Clèves*, roman écrit par Madame de La Fayette au XVIIe siècle.

Madame se retourne vers lui et lui dit que, s'il veut revenir chez elle le lendemain, elle lui fera voir cette beauté dont il est si touché. Mlle de Chartres paraît en effet le jour suivant ; elle est reçue avec une telle admiration de tout le monde qu'elle n'entend que des louanges.

....

....

....

....

....

Concordance des temps dans les subordonnées au subjonctif		
temps de la principale	temps du subjonctif dans la subordonnée	
	fait antérieur	fait simultané ou postérieur
• présent, futur ou impératif *J'exige… (J'exigerai… Exige…)*	• passé *qu'il ait remis son travail*	• présent *qu'il remette son travail*
• temps du passé *J'exigeai… J'exigeais*	• passé (courant) *qu'il ait remis son travail* • plus-que-parfait (soutenu) *qu'il eût remis son travail*	• présent (courant) *qu'il remette son travail* • imparfait (soutenu) *qu'il remît son travail*

3 **Mettez les verbes en italique au temps du subjonctif qui convient à un langage soutenu.**

1. On n'apercevait aucune lumière, bien qu'il (*faire*) .... nuit. **2.** Chacun souhaite que l'avenir (*voir*) .... se réaliser ses rêves. **3.** L'ordre fut donné que chacun (*rentrer*) .... chez soi dans le calme. **4.** Il faudra bien que tu (*prendre*) .... tes responsabilités. **5.** Avant qu'ils (*comprendre*) .... ce qui se passait, on les fit sortir en hâte du bâtiment.

4 **Réécrivez ce texte en mettant le premier verbe à l'imparfait. Respectez ensuite la concordance des temps. Utilisez un niveau de langue soutenu.**

De temps en temps, j'apprends qu'un visiteur a l'intention de se rendre sur les lieux, alors, j'écris à l'agence, mais le seul visiteur qui prenne jamais la peine d'aller à Ferrière, c'est moi, car il faut bien que je voie si la maison n'a pas besoin de réparations.

Julien Green, *Le Voyageur sur la terre*, © Librairie Arthème Fayard, 1997.

....

....

....

....

S'entraîner pour le BAC

REPÉRAGE, ANALYSE ET MANIPULATION

5 Il avait un grand nombre de rivaux : le chevalier de Guise lui paraissait le plus redoutable par sa naissance, par son mérite, et par l'éclat que la faveur donnait à sa maison. Ce prince était devenu amoureux de Mlle de Chartres le premier jour qu'il l'avait vue ; il s'était aperçu de la passion de M. de Clèves, comme M. de Clèves s'était aperçu de la sienne. Quoiqu'ils fussent amis, l'éloignement que donnent les mêmes prétentions ne leur avait pas permis de s'expliquer ensemble ; et leur amitié s'était refroidie sans qu'ils eussent eu la force de s'éclaircir.

Madame de La Fayette, *La Princesse de Clèves*, 1678.

a. Relevez les verbes au subjonctif et précisez leur temps.

....

Lequel exprime une simultanéité : .... **une antériorité :** ....
par rapport au verbe des principales ?

b. Réécrivez le texte en mettant le premier verbe au présent. Respectez la concordance des temps.

....

....

....

....

....

....

....

ÉCRITURE

6 **Rédigez un paragraphe sur le thème : « Un choix difficile ».**

a. Utilisez des formes verbales telles que : *Je sais que…*, *Il faut que…*, *Je souhaite que…*, etc.

b. Réécrivez votre texte en mettant à l'imparfait les verbes introducteurs de subordonnées. Dans chaque cas, respectez les règles de la concordance des temps.

23 Explicite et implicite Dénotation et connotation

Retenir et s'exercer

Corrigés des exercices 1 à 7, p. 92

- Un énoncé est **explicite** quand il est **clairement** formulé et ne peut être **interprété** que d'**une seule façon**.
  Sophocle a vécu au ve siècle avant J.-C. (C'est un fait historique.)
- Un énoncé est **implicite** quand il **exprime plus qu'il ne dit** vraiment.
  Sophocle a vécu au ve siècle avant J.-C. ! (= Il est pourtant d'une incroyable modernité.)
- Seuls le **contexte** et la **situation d'énonciation** permettent de savoir si un énoncé est explicite ou implicite.

Un énoncé implicite contient un non-dit.

1 **a. Mettez une croix devant l'énoncé explicite.**
b. Reformulez l'énoncé implicite pour qu'il devienne explicite : exprimez le non-dit.

1. [....] Votre rendez-vous est fixé à quinze heures.
2. [....] Vous aviez rendez-vous à quinze heures.

....

2 **Voici une phrase :** Il reste deux jours pour remettre la dissertation.
Et voici deux situations d'énonciation dans lesquelles cette phrase pourrait être prononcée.

1. Un professeur répond à la question d'un élève.
2. Un élève se rend compte qu'il est très en retard dans son travail et s'inquiète.

Dans quelle situation la phrase est-elle un énoncé : explicite : .... ; implicite : .... ?

- Un énoncé **implicite** contient un **présupposé** quand on peut **déduire** une **information** d'un ou plusieurs de ses mots. *Ton cousin a cessé de fumer.* contient un présupposé : *Autrefois, il fumait.*
- Un énoncé **implicite** contient un **sous-entendu**, quand le destinataire doit **deviner** ou **interpréter** ce qui n'est pas dit. *Ton cousin a cessé de fumer.* contient aussi un sous-entendu : *Tu devrais en faire autant.*

3 **Pour chacun de ces énoncés, indiquez quel est :**
a. le présupposé qui découle des mots soulignés, b. le sous-entendu.

1. L'an dernier tu avais de bonnes notes. **a.** .... **b.** ....
2. Je renonce à espérer qu'on me comprenne enfin.
   a. .... **b.** ....

4 *(Le fils d'Argante s'est marié en secret et contre la volonté de son père.)*

GÉRONTE. – Ma foi ! seigneur Argante, voulez-vous que je vous dise ? L'éducation des enfants est une chose à quoi il faut s'attacher fortement.
ARGANTE. – Sans doute. À quel propos cela ?
GÉRONTE. – À propos de ce que les mauvais déportements des jeunes gens viennent le plus souvent de la mauvaise éducation que leurs pères leur donnent.

Molière, *Les Fourberies de Scapin*, 1671.

Quel message implicite Géronte adresse-t-il à Argante ?

....

....

- La **dénotation** est la **signification première** d'un mot. C'est une information **neutre** et **objective**.
  Le sens dénoté du mot *chêne* est : *arbre à feuilles caduques, appartenant au genre* Quercus.
- La **connotation** est la **signification affective** et **personnelle** qu'on **ajoute** au sens premier.
  Le mot *chêne* peut, selon les personnes, avoir différentes connotations : *force, puissance, longévité, communication entre la Terre et le ciel...*
- Le **sens connoté** d'un mot est donc **variable**, car **subjectif**.

5 Dans chacune de ces phrases, trouvez la connotation du mot *nuit*.

> Le sens connoté d'un mot peut naître d'un contexte ou d'une métaphore.

1. L'ignorance est la nuit qui commence l'abîme. (Hugo)

....

2. Je suis un vieux mangeur d'étoiles et c'est à la nuit que je me confie le plus souvent. (Romain Gary)

....

3. La vie c'est ça, un bout de lumière qui finit dans la nuit. (Céline) ....

4. Si vous avez jamais passé la nuit à la belle étoile, vous savez qu'à l'heure où nous dormons, un monde mystérieux s'éveille dans la solitude et le silence. (Daudet)

....

6 À votre tour, écrivez trois phrases où le mot *mer* aura un sens dénoté et deux sens connotés.

1. sens dénoté : ....

2. sens connoté : ....

3. sens connoté : ....

- Un mot peut se charger d'une connotation **péjorative** ou **méliorative**.

7 Dans ces groupes de synonymes, soulignez les mots neutres ; surlignez ceux qui ont une connotation méliorative ; entourez ceux qui ont une connotation péjorative.

simple / naïf / limpide • surchargé / exhaustif / détaillé • sommaire / bref / concis

S'entraîner pour le BAC

REPÉRAGE ET ANALYSE

8

L'Époux d'une jeune Beauté
Partait pour l'autre monde. À ses côtés, sa femme
Lui criait : Attends-moi, je te suis ; et mon âme,
Aussi bien que la tienne, est prête à s'envoler.
Le Mari fait seul le voyage.

Jean de La Fontaine, « La Jeune Veuve », *Fables*, 1668.

a. Qu'est-ce qui est implicitement contenu dans le dernier vers de l'extrait ?

....

....

....

....

....

b. Quelle est la connotation du mot *voyage* dans ce texte ?

....

Employez-le dans une phrase où il aura une autre connotation.

....

....

ÉCRITURE

9 Imaginez un dialogue de théâtre où un personnage cherche à obtenir de l'autre un service. Il n'ose l'aborder de front et procède par sous-entendus.

10 Composez deux fois quatre vers contenant le mot *soleil*, avec chaque fois une connotation différente.

24 Les discours rapportés

Retenir et s'exercer

Corrigés des exercices 1 à 6, p. 93

- Le **discours direct** rapporte **fidèlement** les paroles. Ce sont des **phrases de dialogue** :
  – précédées d'un **tiret** ou encadrées par des **guillemets** ;
  – annoncées par un **verbe de parole introducteur** (*dire, expliquer*…), suivi de deux-points.
  Notre professeur annonça : « Nous allons aborder la littérature baroque. »
  – coupées ou suivies par une **proposition incise** : *– D'où vient le mot baroque ? demanda un élève.*
  – propres à la **langue orale** : *– Eh bien ! il vient du portugais* barroco *qui désigne une perle irrégulière.*

1 **a. Reconstituez le dialogue original, avec les tirets et la présentation propres au dialogue.**

Allons-nous-en ! allons-nous-en, répétait-il. C'est bête de faire des imprudences. Puisqu'on te dit que la pêche est meilleure quand la mer monte ! répondait sa femme. Et elle monte ferme ! ajoutait à demi-voix Hector, les yeux allumés d'une lueur de méchanceté.

D'après **Émile Zola**, *Les Coquillages de M. Chabre*, 1884.

………………………………………………………………………………………

………………………………………………………………………………………

………………………………………………………………………………………

b. Soulignez les paroles rapportées au discours direct.

c. Surlignez les propositions incises. Expliquez à quoi on reconnaît qu'elles appartiennent au récit et non au dialogue. ………………………………………………

………………………………………………………………………………………

………………………………………………………………………………………

- Le **discours indirect** rapporte les paroles « **indirectement** ». Ces paroles sont donc **modifiées**. Elles sont **compléments d'objet** de **verbes de parole**. Ce sont des :
  – **subordonnées conjonctives** introduites par *que*.
  Le professeur expliqua à ses élèves que la littérature baroque faisait appel à l'imagination, à la sensibilité.
  – **subordonnées interrogatives indirectes** (voir p. 22).
  Il leur demanda s'ils savaient faire la différence entre le baroque et le classicisme.
  – **groupes nominaux** ou **groupes infinitifs**. *Il les encouragea à lire les* Essais *de Montaigne.*

Les temps des verbes et les pronoms personnels sont ceux du récit.

2 **Complétez ces phrases avec des paroles rapportées dont la nature est indiquée.**

1. (sub. conj.) On nous a averti ………………………………………………
2. (sub. inter. indir.) Chacun se demandait ………………………………………
3. (groupe infinitif) L'examinateur me demanda ……………………………………

3 **Ces phrases sont fautives. Corrigez-les.**

1. On ne comprend pas qu'est-ce qu'il fait. ………………………………………
2. Je me demande où sont-ils allés ? ………………………………………………

4 **a. Soulignez les paroles rapportées au discours indirect et précisez leur nature.**
b. Réécrivez ce passage en remplaçant le discours indirect par du discours direct.

Le journaliste demanda si cela servait à quelque chose et Tarrou répondit que non, mais que cela donnait confiance aux autres. (Camus)

a. ………………………………………………………………………………………

b. ………………………………………………………………………………………

………………………………………………………………………………………

5 **Réécrivez ce qui suit en le transposant au discours indirect.**
Rivière disait parfois : « Ces hommes sont heureux, parce qu'ils aiment ce qu'ils font, et ils m'aiment parce que je suis dur. » (Saint-Exupéry)

....

....

- Le **discours indirect libre** est **intermédiaire** entre les discours direct et indirect :
  – Discours direct : *Il s'exclama : « C'est une honte ! Vos accusations ne sont pas fondées ! »*
  – Discours indirect : *Il s'exclama que c'était une honte et que leurs accusations n'étaient pas fondées.*
  – Discours indirect libre : *Il vociféra. C'était une honte ! Leurs accusations n'étaient pas fondées !*

6 **Soulignez ce qui est au style indirect libre.**
Réécrivez le texte pour qu'il contienne : a. du discours direct, b. du discours indirect.

Quand il voyait Mlle Chuin, il l'interrogeait d'une voix brève. Savait-elle quelque chose ? Madame avait-elle fait beaucoup de visites ? S'était-elle particulièrement arrêtée dans certaines maisons ?

Émile Zola, *Nantas*, 1878.

a. ....

....

....

b. ....

....

S'entraîner pour le BAC

REPÉRAGE ET MANIPULATION

7 « Votre maman ? Qu'est-ce qu'elle a dit ? Contez-moi ça.
– Oh ! ça a été affreux. Je suis entrée chez elle et je lui ai récité ma petite affaire que j'avais bien préparée. Alors elle a pâli, puis elle a crié : "Jamais ! jamais !" Moi j'ai pleuré, je me suis fâchée, j'ai juré que je n'épouserais que vous. J'ai cru qu'elle allait me battre. Elle est devenue comme folle ; elle a déclaré qu'on me renverrait au couvent, dès le lendemain. <u>Je ne l'avais jamais vue comme ça, jamais !</u> Alors papa est arrivé en l'entendant débiter toutes ses sottises. Il ne s'est pas fâché tant qu'elle, mais il a déclaré que vous n'étiez pas un assez beau parti. »

Guy de Maupassant, *Bel-Ami*, 1885.

a. De quel type de discours rapporté est, globalement, composé cet extrait ?

....

b. Soulignez les passages au discours indirect. Transposez-les au discours direct.

....

....

À quel temps les verbes sont-ils désormais ? ....

c. Transposez le passage souligné au discours indirect libre.

....

ÉCRITURE

8 **Trois personnes discutent sur un sujet dont vous choisirez le thème.**
Rapportez ce débat sous forme d'un récit contenant des dialogues. Vous devrez utiliser les trois types de discours : direct, indirect, indirect libre.

25 Les liens logiques, les connecteurs

Retenir et s'exercer

Corrigés des exercices 1 à 5, p. 93

- Les **liens logiques** sont les **relations** que les **idées** entretiennent entre elles dans un texte **argumentatif**. Ces relations peuvent être exprimées par des **connecteurs**, des **verbes**, des **noms**…
- Les **connecteurs relient** les propositions, les phrases ou les paragraphes. Ce sont des **adverbes**, des **conjonctions** de coordination, de subordination : *puis, cependant, mais, donc, parce que…*
La cause de vos problèmes est votre difficulté à vous adapter à vos nouvelles conditions de travail, bien que vous fassiez des efforts, mais vous y parviendrez, car nous allons vous aider.

1 **Soulignez les connecteurs qui relient des phrases ou des propositions pour faire progresser l'argumentation.**

L'athlète s'exerce en vue de conquérir la récompense ; mais aussitôt, par le progrès et par la difficulté vaincue, il conquiert une autre récompense, qui est en lui et dépend de lui. Et c'est ce que le paresseux ne peut pas du tout imaginer ; car il ne voit que la peine et l'autre récompense ; il pèse l'une et l'autre et ne se décide point ; mais l'athlète est déjà debout et au travail, soulevé par l'exercice de la veille, et jouissant aussitôt de sa propre volonté et puissance. En sorte qu'il n'y a d'agréable que le travail ; mais le paresseux ne sait pas cela et ne peut pas le savoir ; ou bien, s'il le sait par ouï-dire ou par souvenir, il ne peut pas le croire ; c'est pourquoi le calcul des plaisirs trompe toujours, et l'ennui vient.

Alain, *Propos sur le bonheur*, © Gallimard, 1925.

liens logiques		
relation logique exprimée	connecteurs	verbes, noms…
addition	*et, de plus, puis, d'abord, ensuite, enfin, non seulement, mais encore…*	*ajouter, compléter, succéder, complément, ajout…*
alternative	*ou… ou, ou bien, soit… soit, l'un… l'autre…*	*d'un côté, de l'autre, dilemme, choix…*
cause	*car, en effet, effectivement, parce que, puisque, sous prétexte que…*	*provenir, cause, origine, motif, explication, dû à…*
conséquence	*donc, c'est pourquoi, par conséquent, aussi, de sorte que, si bien que…*	*provoquer, entraîner, résulter, expliquer, se déduire, résultat, effet, aboutissement…*
but	*afin que, pour que, de peur que…*	*avoir l'intention de, projeter, objectif, visée…*
condition	*si, en admettant que, à condition que, à supposer que, dans l'hypothèse où…*	*supposer, imaginer, supposition, hypothèse, éventualité…*
opposition	*mais, or, cependant, en revanche, à l'opposé, à l'inverse, en dépit de, alors que…*	*s'opposer à, contredire, contester, objecter…*
concession	*certes, sans doute, bien sûr, bien que, quoique, même si…*	*il est vrai (que), admettre, concéder…*

2 **Classez ces mots et expressions selon la relation logique exprimée.**

1. de surcroît • vu que • en vue de • option • dessein • fondement • découler • voilà pourquoi • de manière à • ni… ni • en outre

addition : …………………… • alternative : ……………………

cause : …………………… • conséquence : ……………………

but : ……………………

2. néanmoins • en supposant que • au contraire • envisageable • réfuter • reconnaître que

condition : ……………………

opposition : …………………… • concession : ……………………

3 **Complétez avec ces connecteurs :** mais • puis • car • grâce à • donc • jusque • puisque • et.

.... leur travail, Gervaise et Coupeau mènent une vie heureuse et relativement aisée. .... ce bonheur n'est que de courte durée, ... Coupeau, ouvrier zingueur, tombe d'un toit .... se casse une jambe. Cet accident va .... entraîner une série de désastres, ... Coupeau ne travaillera plus, ... deviendra alcoolique, ... à entraîner Gervaise dans sa déchéance. (D'après *L'Assommoir* de Zola)

4 **a. Soulignez ce qui constitue une constatation servant de base à la réflexion.**

b. Relevez : les mots exprimant la conséquence de cette situation : .... ; **un connecteur exprimant une addition :** .... • **une cause :** ....

Partout où la vérité est indifférente, l'erreur contraire est indifférente aussi ; d'où il suit qu'en pareil cas celui qui trompe en disant le contraire de la vérité n'est pas plus injuste que celui qui trompe en ne la déclarant pas ; car en fait de vérités inutiles, l'erreur n'a rien de pire que l'ignorance.

Jean-Jacques Rousseau, *Les Rêveries du promeneur solitaire*, 1782.

5 **Dans ces phrases, la relation logique est implicite (p. 48). Pour que la relation devienne explicite, réécrivez chaque phrase deux fois, avec deux procédés différents.**

1. On chercherait mieux, on trouverait une solution. ....

....

2. Économe, elle mangeait avec lenteur. (G. Flaubert) ....

....

S'entraîner pour le BAC

REPÉRAGE ET ANALYSE

6 ÉGALITÉ NATURELLE, est celle qui est entre tous les hommes par la constitution de leur nature seulement. Cette égalité est le principe et le fondement de la liberté. L'égalité naturelle ou morale est donc fondée sur la constitution de la nature humaine commune à tous les hommes, qui naissent, croissent, subsistent et meurent de la même manière. Puisque la nature humaine se trouve la même dans tous les hommes, il est clair que selon le droit naturel, chacun doit estimer et traiter les autres comme autant d'êtres qui lui sont naturellement égaux, c'est-à-dire qui sont hommes aussi bien que lui.

De ce principe de l'égalité naturelle des hommes, il résulte plusieurs conséquences.

L'Encyclopédie, éditée de 1751 à 1772.

a. Quel est le type de ce texte : narratif, descriptif, informatif, explicatif, argumentatif ?

....

b. Relevez les mots exprimant une conséquence et précisez leur nature.

....

....

c. Relevez un connecteur de cause. ....

d. Quelle locution adverbiale introduit une explication ? ....

ÉCRITURE

7 **Pourquoi est-il important de posséder une parfaite maîtrise de la langue ?**

Rédigez votre réponse en un paragraphe argumenté contenant des liens logiques de : addition, cause, conséquence, but, condition, opposition.

26 Les procédés de reprise

Retenir et s'exercer

Corrigés des exercices 1 à 3, p. 93

- Pour **désigner à nouveau** des êtres et des choses dans un texte, tout en **évitant des répétitions**, on utilise des **pronoms** et des **GN** de reprise.
- Une reprise pronominale reprend un mot, un groupe de mots ou une proposition, à l'aide d'un **pronom** : **personnel** de la 3e personne, **relatif**, **possessif**, **démonstratif** ou **indéfini**.

Gustave Flaubert commence des études de droit en 1841, mais il les abandonne en 1848.

1 Relevez les pronoms. Indiquez les mots qu'ils reprennent.

....

Babouc devait aller dîner à l'autre bout de la ville, chez une dame pour laquelle son mari, officier de l'armée, lui avait donné des lettres. Il fit d'abord plusieurs tours dans Persépolis.

Voltaire, *Le Monde comme il va*, 1748.

2 Précisez la catégorie des pronoms soulignés. Remplacez-les par les mots qu'ils reprennent.

Nous vois-tu tous les deux dans la source, appuyés l'un sur l'autre ? Vois-tu tes beaux yeux près des miens, ta main dans la mienne ? Regarde tout cela s'effacer.

Alfred de Musset, *On ne badine pas avec l'amour*, 1834.

....

....

- Une reprise nominale reprend un groupe nominal avec un autre **groupe nominal**. On utilise :
  - le **même nom** et un **déterminant précis** : *Salammbô est un roman de Flaubert. Ce roman paraît en 1862.*
  - un **synonyme** : *Le récit a pour sujet une révolte à Carthage au IIIe siècle avant J.-C.*
  - un **hypéronyme** (nom générique) : *L'œuvre emporte le lecteur dans le flamboiement de son style.*
  - une **périphrase** (une expression développée) : *Cette fresque historique grandiose intrigue et captive.*

3 Le matin du 16 avril, le docteur Bernard Rieux sortit de son cabinet et buta sur un rat mort, au milieu du palier. Sur le moment, il écarta la bête sans y prendre garde et descendit l'escalier. Mais, arrivé dans la rue, la pensée lui vint que ce rat n'était pas à sa place et il retourna sur ses pas pour avertir le concierge. Devant la réaction du vieux M. Michel, il sentit mieux ce que sa découverte avait d'insolite.

Albert Camus, *La Peste*, © Gallimard, 1947.

a. **Soulignez les reprises pronominales désignant le docteur Bernard Rieux.**

b. **Relevez les reprises nominales désignant le rat et le concierge. Précisez le procédé employé.**

....

....

S'entraîner pour le BAC

ÉCRITURE

4 Réécrivez ce texte en évitant les répétitions, grâce à des reprises.

Germinal est un roman de Zola sur les souffrances et l'exploitation des mineurs. Pour que son roman soit le plus réaliste possible, Zola s'est rendu dans un bassin minier avant d'écrire son roman. Zola est descendu dans une fosse avec des mineurs pour parler avec les mineurs de leurs conditions.

....

....

....

27 La situation d'énonciation

Corrigés des exercices 1 à 4, p. 93

Retenir et s'exercer

- **Situation d'énonciation** : **situation** dans laquelle se trouve un **énonciateur au moment** où il produit un **énoncé** écrit ou oral. On peut la résumer ainsi : **Qui parle ? • À qui ? • Dans quelles circonstances ?**

1 Imaginez, pour l'énoncé ci-dessous, deux situations d'énonciation différentes.
J'avais hâte de vous voir.

....

....

- **Indices d'énonciation** : mots qui ne se comprennent que **par rapport à la situation d'énonciation.**
  – Indices de **personne** : pronoms personnels, possessifs et déterminants possessifs des 1re et 2e personnes : *je, te, nous… / le tien, les nôtres… / mon, vos…* .
  – Indices de **temps** en relation avec le moment de l'énonciation : *aujourd'hui, hier, ce soir, le mois dernier…*
  – Indices de **lieu** en relation avec le lieu de l'énonciation : *ici, chez vous, devant moi…*
- **Un texte qui comporte** des indices d'énonciation est **ancré** dans la situation d'énonciation : dialogues, lettres, journaux intimes…
- **Un texte qui ne comporte pas** d'indices d'énonciation est **coupé** de la situation d'énonciation : récits, romans, contes… Comparez : *Je t'attendrai ici, demain.* (ancré) • *Elle l'attendit là, le lendemain.* (coupé)

2 Définissez la situation d'énonciation de ce texte : énonciateur, destinataire, but poursuivi.

....

Soulignez les indices d'énonciation.

Paris, 10 novembre 1866

En arrivant à Paris j'apprends une triste nouvelle. Hier soir pendant que nous causions, et je crois qu'avant-hier nous avions parlé de lui, mourait mon ami Charles Duveyrier, le plus tendre cœur et l'esprit le plus naïf. On l'enterre demain ! Il avait un an de plus que moi. Ma génération s'en va pièce à pièce. Lui survivrai-je ? Je ne le désire pas ardemment.

Lettre de **George Sand** à Gustave Flaubert, 1866.

3 Parmi les mots en gras, soulignez ceux qui sont des indices d'énonciation.

Aujourd'hui Benoît **m'**apporte une lettre de Grégoire. **Je** vais **la** lire plus tard et la coller dans ce cahier. Mais **il m'**a raconté une autre affaire, qui **l'**a fait rire et que je prends, **moi**, très au sérieux. **Hier matin**, **à sept heures**, Jérôme part comme d'habitude pour faire ses consultations **dans la campagne**. Il est seul dans **sa voiture** avec son chauffeur-aide-soignant local.

Jean-Christophe Rufin, *Asmara et les causes perdues*, © Gallimard, 1999.

4 Soulignez les mots et expressions qui ne sont pas des indices d'énonciation.

la veille / hier • chez lui / chez moi • tout à l'heure / un instant plus tard • les nôtres/ les leurs

S'entraîner pour le BAC

ÉCRITURE

5 Transformez ces phrases de dialogue en phrases de récit au passé, à la 3e personne.
Ce matin, il fait un beau temps d'automne, je te propose d'aller marcher en forêt avec moi. On m'a dit que nos amis en feront autant. Cet après-midi, nous nous retrouverons tous chez moi.

....

....

....

28 La ponctuation

Retenir et s'exercer

Corrigés des exercices 1 à 4, p. 93

- **À la fin des phrases**, on trouve une ponctuation **forte** :
  - le **point** qui indique une **pause nette** entre deux phrases : *Le vent rugit. Les volets claquent.*
  - le **point d'interrogation** qui termine une phrase de type **interrogatif** : *Que se passe-t-il ?*
  - le **point d'exclamation** qui termine une phrase de type **exclamatif** : *Quel vacarme !*
  - les **points de suspension** qui indiquent que la phrase est **interrompue** : *J'ai lu plusieurs romans de Balzac :* Eugénie Grandet, Le Père Goriot, La Peau de chagrin… (L'énumération est écourtée.)

1 Il courait lui aussi derrière moi....... A-t-il trébuché ou s'est-il foulé la cheville dans le sable .... Il est tombé de tout son long....... J'ai fait demi-tour et je l'ai aidé à se relever.......

– Vous êtes bien Jean Moreno ....

– Vous faites erreur.......

– Mais si… Vous êtes Jean Moreno…

D'après **Patrick Modiano**, *Quartier perdu*, © Gallimard, 1989.

a. Ajoutez la ponctuation manquante. b. Justifiez l'emploi des points de suspension à la dernière ligne. ....

....

....

c. Quelle réplique pourrait se terminer aussi bien par un point d'exclamation que par un point ?
.... **Quelle nuance supplémentaire le point d'exclamation aurait-il ajoutée ?** ....

- **À l'intérieur des phrases**, on trouve :
  - la **virgule** qui marque une **courte pause** entre deux mots, deux groupes de mots ou deux propositions : *On ne doit pas confondre l'auteur, le narrateur, le personnage.*
  - le **point-virgule** qui marque une **pause plus forte** que la virgule entre deux propositions d'une même phrase : *L'auteur écrit l'histoire ; le narrateur la raconte ; le personnage la vit.*
  - les **deux-points** qui introduisent une **énumération** ou une **explication** : *Parfois, auteur, narrateur et personnage principal se confondent : c'est une autobiographie.*
- On peut aussi rencontrer, à l'intérieur d'une phrase :
  - des **points de suspension** qui marquent une **hésitation** : *C'est… intéressant.*
  - un **point d'exclamation** après une **interjection** : *Ah ! j'ai enfin compris.*

Dans ce cas, ils sont suivis d'une **minuscule**.

2 Recopiez cette longue phrase en essayant de retrouver la ponctuation d'origine : un point, un point d'exclamation, quatre points-virgules, un deux-points, quatre virgules.

Ah le vautour a mangé la colombe le loup a mangé le mouton le lion a dévoré le buffle aux cornes aiguës l'homme a tué le lion avec la flèche avec le glaive avec la poudre mais le Horla va faire de l'homme ce que nous avons fait du cheval et du bœuf sa chose son serviteur et sa nourriture par la seule puissance de sa volonté

D'après **Guy de Maupassant**, *Le Horla*, 1887.

....

....

....

....

....

- **Dans un dialogue**, on trouve la **même** ponctuation que dans le **récit**, mais aussi :
  – des **deux-points** qui séparent le récit du dialogue : *Un passant demanda : …*
  – des **guillemets** qui ouvrent et ferment un **dialogue** : *« Que regardent-ils tous ? »*
  – des **tirets** devant les **répliques**, pour marquer le changement d'interlocuteur.

3 Reconstituez ce dialogue dans un récit : présentation et ponctuation. Vous devrez, notamment, utiliser deux points d'exclamation et des points de suspension.

Elle avait fait venir M. Lheureux et lui avait dit J'aurais besoin d'un manteau un grand manteau à long collet doublé Vous partez en voyage demanda-t-il Non mais qu'importe je compte sur vous n'est-ce pas et vivement

D'après **Gustave Flaubert**, *Madame Bovary*, 1857.

……………………………………………………………………………………………

……………………………………………………………………………………………

……………………………………………………………………………………………

……………………………………………………………………………………………

Un dialogue peut ne contenir que des tirets, sans guillemets.

- Les **parenthèses** permettent d'insérer un court commentaire : un groupe de mots ou une phrase entière.
  La grande place est très animée (c'est jour de marché).

4 Expliquez pourquoi les parenthèses se trouvent à l'intérieur de la phrase dans le 1er texte et encadrent deux phrases autonomes dans le 2e.

1. Ce sont tous les mythes inuit qui expliquent l'installation des hommes (*Inuit* en inuit signifie hommes) dans l'aire des aurores.

……………………………………………………………………………………………

2. À l'aube il y a folie perpétuelle et terreur perpétuelle. (Peut-être de même chez les animaux. Ce qui expliquerait l'extrême effarouchement des farouches.)

……………………………………………………………………………………………

Pascal Quignard, *Les Ombres errantes*, © Éditions Grasset & Fasquelle, 2002.

S'entraîner pour le BAC

MANIPULATION

5 Ajoutez la ponctuation manquante pour retrouver le texte d'origine.

Cosette prit les deux mains du vieillard dans les siennes……
– Mon Dieu…… dit-elle…… vos mains sont encore plus froides…… Est-ce que vous êtes malade…… Est-ce que vous souffrez……
– Moi…… non…… répondit Jean Valjean…… je suis très bien…… Seulement……
Il s'arrêta……
– Seulement quoi……
– Je vais mourir tout à l'heure……
Cosette et Marius frissonnèrent……
– Mourir…… s'écria Marius……
– Oui…… mais ce n'est rien…… dit Jean Valjean……
Il respira…… sourit et reprit……
– Cosette…… tu me parlais…… continue…… parle encore que j'entende ta voix……

D'après **Victor Hugo**, *Les Misérables*, 1862.

ÉCRITURE

6 Imaginez une suite au texte de l'exercice 1 : dialogue dans un récit. Soignez la ponctuation.

29 L'accord du verbe

Retenir et s'exercer

Corrigés des exercices 1 à 7, p. 93

- Le verbe **s'accorde** en personne et en nombre avec son **sujet**, même si celui-ci est **inversé** ou **éloigné**. *Du fond de la mémoire resurgissent parfois des souvenirs enfouis.*

1 Mettez les verbes en italique au présent de l'indicatif. Soulignez leur sujet.

Et pourtant, un jour, fatalement, (*s'évanouir*) ...., comme des mirages, les sanctuaires d'or. La vieillesse et la mort les (*détruire*) .... [...].

D'après **Antoine de Saint-Exupéry**, *Vol de nuit*, © Gallimard, 1931.

2 Relevez les verbes et indiquez le mot avec lequel se fait l'accord.

Le jardin de notre école était pareil à un gros fruit plein de chair et de jus. Les murs qui le pressaient le faisaient jaillir et bouillonner ; il en coulait des lilas de partout ; les grands buis éclaboussaient d'ombres et d'odeurs les murs de notre petite classe et le lierre écumant d'abeilles bavait comme de la mousse de confiture du haut mur de la terrasse.

Jean Giono, *Jean le Bleu*, © Éditions Grasset & Fasquelle, 1932.

....

....

- Plusieurs sujets dont ***moi*** = ***nous*** : *Toi, elle et moi **sommes** chargés de la mise en scène.*
- Plusieurs sujets dont ***toi*** (sans ***moi***) = ***vous*** : *Elle et toi **construisez** le décor.*

3 Composez trois phrases en conjuguant ces groupes verbaux au présent de l'indicatif, avec les sujets proposés ci-dessous. avoir des objectifs et être prêt à les réaliser

1. Toi, moi et eux ....
2. Elle et toi ....
3. Nous et vous ....

- Quand le sujet est le **pronom relatif *qui***, le verbe s'accorde en genre, en nombre et en personne avec l'**antécédent** : *C'est toi qui **joueras** le rôle de Créon, et moi qui **interpréterai** Antigone.*

4 Justifiez l'accord des verbes dans cette phrase.

Comprend-on, s'écriait amèrement Feuilly, ces hommes qui avaient promis de nous rejoindre et fait serment de nous aider, et qui s'y étaient engagés d'honneur, et qui sont nos généraux, et qui nous abandonnent !

Victor Hugo, *Les Misérables*, 1862.

....

....

....

....

5 Accordez correctement les verbes en italique au présent de l'indicatif.

1. Ce ne sont pas eux mais moi qui (*avoir*) .... la mission de lui remettre le prix.
2. Je devine que c'est toi qui nous (*aider*) .... en cachette.
3. « Sait-on qui est l'auteur des messages énigmatiques qui (*signer*) .... Mistigri ?
– En fait, c'est moi qui (*être*) .... l'auteur de ce canular et qui (*avoir*) .... bien ri de vos réactions. » **4.** C'est toi et elle qui (*parler*) .... le mieux anglais.

- Quand le sujet est un GN contenant un **complément du nom**, l'accord se fait avec le **nom noyau** du GN.
- Mais si ce nom noyau est un nom **collectif**, l'accord peut aussi se faire avec le **complément du nom**.

La majorité des spectateurs a applaudi. (La majorité des spectateurs ont applaudi.)

6 Soulignez les GN sujets. Surlignez le noyau du GN avec lequel se fait l'accord. Surlignez également les verbes.

1. Les rides de son front et de ses joues, pareilles à des traces de ciseau, sur du granit, le rendaient vénérable sans accuser la date des années ; son cou brun et plissé se rattachait à ses fortes épaules par des muscles décharnés, mais puissants encore, et un lacis de veines drues se tordait sur ses mains que n'agitait pas le tremblement habituel aux vieillards.

Théophile Gautier, *Le Roman de la momie*, 1858.

2. L'hiver venant, la perspective de s'installer pour la mauvaise saison dans la vieille maison de la rue Marais, à Lille, parut encore plus dépourvue de charme que ne l'avaient semblé les jours d'été au Mont-Noir.

Marguerite Yourcenar, *Souvenirs pieux*, © Gallimard, 1974.

- Le verbe s'accorde au singulier quand le sujet est ***on, chacun, tout, tout le monde, plus d'un***.
- Il s'accorde au pluriel quand le sujet est ***beaucoup, peu, la plupart, combien, assez, tous***.

Plus d'un assiste à la réunion. Combien approuvent la décision ?

7 Accordez correctement les verbes en italique au présent de l'indicatif.

On nous (*annoncer*) .... que notre classe (*participer*) .... à un séjour linguistique. Peu d'élèves (*contester*) .... cette décision et la plupart (*exprimer*) .... leur satisfaction. Chacun (*poser*) .... des questions et plus d'un (*se projeter*) .... déjà dans le pays concerné. Tout (*sembler*) .... aller pour le mieux.

S'entraîner pour le BAC

MANIPULATION ET CORRECTION

8 Complétez les verbes en les conjuguant à l'imparfait de l'indicatif. Soulignez leur sujet.

Les yeux troublés de Julien distingu...................... à peine une figure longue et toute couverte de taches rouges, excepté sur le front, qui laiss...................... voir une pâleur mortelle. Entre ces joues rouges et ce front blanc, brill...................... deux petits yeux noirs faits pour effrayer le plus brave. Les vastes contours de ce front ét...................... marqués par des cheveux épais, plats et d'un noir de jais.

D'après **Stendhal**, *Le Rouge et le Noir*, 1830.

9 Soulignez les fautes contenues dans certains verbes et corrigez-les.

Ses yeux sont deux antres où scintillent vaguement le mystère, et son regard illumine comme l'éclair. [...] Dans son petit front habite la volonté et l'amour de la proie. Cependant, au bas de ce visage inquiétant, où des narines aspirent l'inconnu et l'impossible, éclatent, avec une grâce inexprimable, le rire d'une grande bouche, rouge et blanche, et délicieuse, qui fait rêver au miracle d'une superbe fleur éclose dans un terrain volcanique.

D'après **Charles Baudelaire**, *Petits Poèmes en prose*, 1869.

....

ÉCRITURE

10 Pour chaque règle d'accord de la leçon, trouvez un exemple personnel.

30 L'accord du participe passé

Retenir et s'exercer

Corrigés des exercices 1 à 6, p. 93

- Quand le **participe passé** est employé :
  – **sans auxiliaire**, il **s'accorde** en genre et en nombre avec le **nom** ou le **pronom** auquel il se rapporte. *Une nouvelle reçue et retransmise.*
  – avec l'auxiliaire ***être***, **il s'accorde** en genre et en nombre avec le **sujet**. *Les résultats sont enfin tombés.*
  – avec l'auxiliaire ***avoir***, **il ne s'accorde pas avec le sujet** : *Nous avons réfléchi au problème.*
  Mais il **s'accorde** en genre et en nombre avec le **COD** lorsque celui-ci est **placé avant le verbe** : *Quelle chance nous avons eue !*

Le COD placé avant le verbe est souvent un **pronom** : *Je **vous** ai vus !*

1 Surlignez les participes passés. Soulignez les mots avec lesquels ils s'accordent.

1. Une odeur de gazon écrasé traîne sur la pelouse, non fauchée, grasse, épaisse, que les jeux, comme une lourde grêle, ont versée en tous sens. (Colette)

2. Elle était arrivée sans apporter beaucoup d'affaires, juste une petite valise et un sac qu'elle avait déposés dans l'entrée [...]. (Jean Echenoz)

2 Accordez s'il le faut les participes passés. Soulignez le mot avec lequel certains s'accordent.

C'étaient des femmes et des enfants, des hommes blessé.........., des vieillards, tous ceux qui avaient fui.......... sans cesse sur les routes de poussière, chassé.......... par l'arrivée des soldats étrangers, et qui ne savaient plus où aller. La mer les avait arrêté.......... ici, devant la grande ville d'Agadir. Pour la plupart, ils ne savaient pas pourquoi ils étaient venu.......... ici, sur le lit du grand fleuve Souss. Peut-être que c'étaient seulement la faim, la fatigue, le désespoir qui les avaient conduit.......... là, à l'embouchure du fleuve, devant la mer.

D'après **J. M. G. Le Clézio**, *Désert*, © Gallimard, 1980.

- Le participe passé d'un **verbe pronominal s'accorde** avec le **COD** si celui-ci est placé **avant** le verbe.
  Ils se sont prêté des livres. Voici les livres qu'ils se sont prêtés.
  (des livres : COD ; qu' : COD)
- Si le **pronom réfléchi** *me, te, se, nous, vous* est **COD, l'accord se fait** avec lui.
  S'il est **COI**, le participe passé **ne s'accorde pas** avec lui.
  Elles se sont rencontrées. Elles se sont téléphoné. Elles se sont téléphoné la nouvelle.
  (se : COD ; se : COI ; se : COI ; la nouvelle : COD)
- L'accord du participe passé se fait avec le **sujet** lorsqu'un verbe **pronominal** n'existe qu'à cette forme.
  Nous nous sommes absentés.

3 Accordez s'il le faut les participes passés.

1. Nous nous sommes évertué.......... à vous apprendre des règles d'accord que vous vous êtes empressé.......... d'oublier. Mais nous nous sommes dit.......... que nous allions persévérer.

2. Les problèmes se sont succédé.........., mais elles ne se sont jamais départi.......... de leur bonne humeur.

4 Justifiez l'orthographe des participes passés.

Elle s'est levée et elle a allumé le lampadaire entre les deux fenêtres. Elle s'est dirigée vers la bibliothèque et elle a choisi deux livres sur les rayonnages. (Modiano)

....

....

....

....

5 **Accordez s'il le faut les participes passés. Soulignez le mot avec lequel certains s'accordent.**

(C'est une femme qui parle.) J'avais travaill.......... quatre heures d'affilée, ma tête était lourde, je me suis étendu.......... sur le divan. En trois jours, Philippe ne m'avait pas donn.......... signe de vie ; ce n'est pas dans ses habitudes ; son silence m'étonnait d'autant plus que lorsqu'il craint de m'avoir blessé.........., il multiplie les coups de téléphone et les petits mots.

D'après **Simone de Beauvoir**, *La Femme rompue*, © Gallimard, 1967.

- Le participe passé reste **invariable** :
  – quand il est **précédé** du pronom personnel COD ***en*** : *Elle a cherché des erreurs, mais n'en a pas trouvé.*
  – quand ***fait*** est suivi d'un **infinitif** : *Ils les ont fait attendre.*

6 **Accordez s'il le faut les participes passés.**

1. Ont-ils reçu.......... des réponses à leur demande ? Oui, ils en ont reçu.......... plusieurs, mais ils n'en ont pas tenu.......... compte.

2. Elle s'est toujours intéressé.......... aux artistes. Elle en a fréquenté.......... beaucoup. Certains l'ont fait.......... poser pour eux et l'ont représenté.......... dans leurs œuvres.

3. Nous leur avons offert.......... des places de spectacle. Ils se sont fait.......... un peu prier, mais ils en ont accepté.........

4. Les enfants se sont fait.......... vivement réprimander et se sont fait.......... tout petits.

S'entraîner pour le BAC

CORRECTION ET RÉÉCRITURE

7 **Soulignez les mots mal orthographiés et corrigez-les.**

Ah ! nous avions perdus la piste de l'espèce humaine, nous étions retranché d'avec la tribu, nous nous étions retrouvé seuls au monde, oublié par une migration universelle, et voici que nous découvrons, imprimé dans le sable, les pieds miraculeux de l'homme.

D'après **Antoine de Saint-Exupéry**, *Terre des hommes*, © Gallimard, 1939.

....

8 **Recopiez ce texte en mettant au passé composé les verbes au présent, et en remplaçant *je* par *elle*. Apportez toutes les modifications nécessaires.**

D'un seul coup le vent froid arrive sur moi, bousculant les feuillages. Je vois les vagues courir sur les champs de canne. Le vent tourbillonne, m'enveloppe, avec des rafales qui m'obligent à m'accroupir sur le rocher pour ne pas être renversé. Du côté de la Rivière Noire, je vois la même chose : le grand rideau sombre qui galope vers moi, recouvre la mer et la terre. Alors je comprends qu'il faut m'en aller très vite.

J. M. G. Le Clézio, *Le Chercheur d'or*, © Gallimard, 1985.

....

....

....

....

....

....

ÉCRITURE

9 **Racontez comment, avec des camarades, vous avez réussi à surmonter une difficulté.**
Faites votre récit au passé composé. Surveillez les accords des participes passés.

31 Les accords dans le groupe nominal

Retenir et s'exercer

Corrigés des exercices 1 à 6, p. 94

- Dans un **groupe nominal**, le **déterminant** **s'accorde** en nombre et parfois en genre avec le nom qu'il détermine et qu'il précède. Il existe quelques **cas particuliers** :
  – l'**article indéfini** ***des*** se change en ***de (d')*** devant un adjectif : *de longs discours • de hautes murailles*
  – le **déterminant démonstratif** ***cet*** remplace ***ce*** devant un nom ou un adjectif masculin commençant par une voyelle ou un *h* muet : *cet instant, cet homme* (mais *ce handicap*)
  – les **déterminants possessifs** *mon, ton, son* remplacent *ma, ta, sa* devant un nom ou un adjectif féminin commençant par une voyelle ou un *h* muet : *ton existence, ton habitation*
  – les **déterminants numéraux** sont **invariables** sauf *un (une)*, ainsi que *vingt* et *cent* qui prennent un *s* quand ils sont multipliés et non suivis d'un autre numéral : *quatre-**vingts** pages (4 x 20), quatre-**vingt**-dix pages (4 x 20 + 10), deux **cents** mètres (2 x 100), deux **cent** vingt mètres (2 x 100 + 20), cent **vingt** jours (100 + 20).*

1 Accordez en genre et en nombre les déterminants en italique avec les noms.

(*le*) .... habitude et (*le*) .... hargne • (*le*) .... hallucination et (*le*) .... hurlement • (*un*) .... constellations et (*un*) .... innombrables étoiles • (*un*) .... acteurs célèbres et (*un*) .... nouveaux talents • (*à/le*) .... grand jour et (*à/le*) .... yeux de tous • (*Quel*) .... atmosphère bizarre et (*quel*) .... étranges rumeurs ! • (*Quel*) .... sont ces bruits ?

2 Faites précéder ces noms d'un déterminant : a. démonstratif, b. possessif.

a. .... halte dans .... habitat • .... hantise et .... hasard • .... homard ou .... hareng ? • ....hémisphère • .... tentacule de .... animal • .... herbage, ... herbe • .... haute tour et .... immense rempart • .... itinéraire et .... autoroute

b. .... heaume, ... haubert, ... armure et .... cotte de mailles, sans oublier .... éperons

3 Réécrivez ce qui suit en toutes lettres.

> Les nombres inférieurs à cent prennent un trait d'union.

200 fois en 24 ans, puis 120 fois en 80 ans • 3 487

....

....

- L'adjectif **épithète** ou **apposé** et le **participe passé employé sans auxiliaire** (voir p. 60) **s'accordent** en genre et en nombre avec le **nom** auquel ils se rapportent : *des lectrices **attentives et passionnées.***
- Quand un **adjectif** se rapporte à **plusieurs noms de genres différents**, il s'accorde au **masculin pluriel**. *une maison et un jardin **abandonnés***
- Les **adjectifs de couleur s'accordent** avec le nom : *des voiles **blanches***. Mais ils restent **invariables** :
  – s'ils correspondent à un **nom** (*marron, orange, ocre...*), excepté *rose(s), fauve(s), mauve(s), pourpre(s),*
  – s'ils sont **composés** de deux ou plusieurs mots : *des nuances gris-bleu.*

> Quelle que soit sa fonction, l'adjectif s'accorde toujours avec le nom (ou le pronom) auquel il se rapporte.

4 Soulignez les adjectifs et les deux participes passés employés comme adjectifs et surlignez les noms auxquels ils se rapportent.

Deux choses presque inalliables s'unissent en moi sans que j'en puisse concevoir la manière : un tempérament très ardent, des passions vives et impétueuses, et des idées lentes à naître, embarrassées et qui ne se présentent jamais qu'après coup.
Cette lenteur de pensée, jointe à cette vivacité de sentir, je ne l'ai pas seulement dans la conversation, je l'ai même seul et quand je travaille.

Jean-Jacques Rousseau, *Les Confessions*, 1782.

5 **Réécrivez le premier paragraphe du texte de l'exercice 4, depuis *un tempérament* jusqu'à *qu'après coup*, en remplaçant *un tempérament* par *une nature*, *des passions* par *un enthousiasme* et *des idées* par *des points de vue*.**

....

....

6 Maintenant j'étais seul sur le grand chemin. J'entendais les mille bruits de la campagne. En rouvrant les yeux, je vis l'immense ciel livide où filaient de nombreux nuages terne, cachant la lune, – la nature solitaire. [...]
Je m'efforçai de hausser les épaules : un poids secret m'en empêcha. Et voici que, venu du fond de l'horizon, du fond de ces bois décrié, une volée d'orfraies[1], à grand bruit d'ailes, passa, en criant d'horrible syllabes inconnue au-dessus de ma tête.

D'après **Villiers de L'Isle-Adam**, *Contes cruels*, 1883.

1. orfraie, nom féminin : oiseau de proie connu pour ses cris stridents.

Aucun accord d'adjectif ou participe passé, épithète ou apposé, n'est fait dans ce texte.

a. Soulignez les mots mal orthographiés et copiez-les en les écrivant correctement.

....

b. Surlignez les noms auxquels ils se rapportent.

S'entraîner pour le BAC

CORRECTION ET RÉÉCRITURE

7 **Soulignez les mots mal orthographiés et corrigez-les.**

Quelques jardins ne sont enclos que de haies, ce qui égaye la rue. Parmi ses jardins et ses haies, il vit une petite maison d'un seule étage dont la fenêtre était éclairée. Il regarda par cet vitre comme il avait fait pour le cabaret. C'était une grande chambre blanchi à la chaux, avec un lit drapé d'indienne[1] imprimé, et un berceau dans un coin, quelque chaises de bois et un fusil accroché au mur.

D'après **Victor Hugo**, *Les Misérables*, 1862.

1. indienne, nom féminin : tissu imprimé, à la mode aux XVIIIe et XIXe siècles.

....

8 De Lothar, son austère tuteur devenu ami tutélaire, il lui reste un masque de plâtre. Un masque terne aux paupières closes, aux lèvres soudées, mutilé de ce sourire d'admirable bonté qui éclairait discrètement le monde.

Sylvie Germain, *Magnus*, © Albin Michel, 2005.

a. Quel est le noyau du premier GN souligné ? ....

Réécrivez ce GN en mettant son nom noyau au féminin.

....

b. Réécrivez les deux autres GN soulignés en mettant les noms au singulier.

....

c. Justifiez l'orthographe du participe passé *mutilé*.

....

ÉCRITURE

9 **Un lieu provoque en vous un sentiment intense (admiration, angoisse, bien-être...).**
Décrivez-le en recourant à de nombreux groupes nominaux. Surveillez les accords dans ces GN.

32 Les homophones

Retenir et s'exercer

Corrigés des exercices 1 à 12, p. 94

- *ces* = *ces...-ci* : *ces romans* → *ces romans-ci*
- *ses* + nom = *les siens* : *ses romans* → *les siens*
- *c'est* = *cela est* : *c'est terminé* → *cela est terminé*
- *s'est* : élément d'un verbe **pronominal**, toujours suivi d'un **participe passé**, peut se conjuguer : *on s'est aperçu* → verbe *s'apercevoir* → *je me suis aperçu*

1 Complétez le texte avec les homophones étudiés ci-dessus.

.... en réaction contre le romantisme que naît le naturalisme dans les années 1860. Ce mouvement littéraire .... attaché à appliquer dans .... descriptions de la société les principes des sciences expérimentales. .... ainsi que Zola .... inspiré des travaux du physiologiste Claude Bernard et .... livré à un travail de documentation très poussé. Il a appliqué à la littérature .... théories qui avaient révolutionné les sciences, au XIXe siècle.

2 Complétez le texte avec *c'est, s'est / ses, ces*.
(Épitaphe d'un homme qui avait une vie sociale très active.)

.... ici que repose celui qui ne .... jamais reposé. Il .... promené à cinq cent trente enterrements. Il .... réjoui de la naissance de deux mille six cent quatre-vingts enfants. Les pensions dont il a félicité .... amis, toujours en des termes différents, montent à deux millions six cent mille livres [...].

D'après **Montesquieu**, *Lettres persanes*, 1721.

- *(je) l'ai* • *(il) l'a* • *(tu) l'as* → *je l'avais* • *il l'avait* • *tu l'avais*
- *la, les* : article défini + nom ou + adjectif + nom : *la mer et les vagues* → *le ciel et l'horizon*
- *la, les* : pronom personnel + verbe : *On la voit. On les voit* → *On le voit*

3 Réécrivez cette phrase en mettant le verbe au passé composé.

Attention à l'accord du participe passé !

« La critique du film, est-ce que tu la lis ? » « Oui je la lis. »

....

....

4 Complétez les phrases avec : *la, l'a, l'as, les, l'ai.*

1. « Où est .... notice d'utilisation ? » « Comme tu .... laissée sur .... table, je .... rangée avec .... autres. » **2.** Je ....vis qui marchait dans .... rue et .... trouvai un peu étrange. Je demandai plus tard à mon compagnon : « Et toi, comment .... -tu trouvée ? » « Moi, je .... trouvée comme d'habitude », me répondit-il.

- *on* ou *on n'* ? *on n'* est suivi d'une 2e négation ou de *que*.
  On entend bien. On n'entend rien. On n'entend bien que ce qui plaît.
  On entend → *Il entend* • *On n'entend rien* → *Il n'entend rien*

5 Complétez ces phrases avec *on, on ne* et *on n'*.

1. .... parle toujours mal, quand .... a rien à dire. (Voltaire) **2.** .... a pas deux cœurs, un pour les animaux et un pour les humains. .... a un cœur ou .... en a pas. (Lamartine) **3.** J'ai toujours aimé le désert. .... s'assoit sur une dune de sable. .... ne... voit rien. .... entend rien. Et cependant quelque chose rayonne en silence. (Saint-Exupéry)

- *Quand* = *lorsque* : *Quand le message arrivera, préviens-moi. (= Lorsque le message arrivera…)*
  ou = *à quel moment* : *Quand le festival a-t-il lieu? (= À quel moment le festival a-t-il lieu ?)*
- *Qu'en* = *que + en, ou = que de cela* : *Ils ne s'expriment qu'en japonais. Qu'en penses-tu ?*
- *Quant* + *à* (*au, aux*) = *en ce qui concerne, pour ce qui est de* : *Quant à toi… (= en ce qui te concerne)*

6 Complétez les phrases avec *quand, qu'en, quant*.

1. .... tu reçois une coupe sportive, ... fais-tu ? .... à moi, je la donne.

2. Rien .... voyant le ciel, ... menace l'orage, on devine où va tomber la foudre.

3. On dit .... ce temps-là, ... un troupeau était malade, on croyait à un maléfice.

4. La cigale, dit-on, « se trouva fort dépourvue .... la bise fut venue », ... à la fourmi, elle se réfugia derrière ses provisions et ironisa. .... pensez-vous ?

- *Sans* : contraire de ***avec*** : *un ciel sans nuages* • marque l'**absence**, la **privation** : *partir sans se retourner*
- *S'en* = ***se*** + verbe + ***de cela*** : *elle s'en souvient = elle se souvient de cela*
- *Dans* + GN complément de lieu ou de temps : *Rendez-vous dans cette rue, dans une heure.*
- *D'en* = ***de*** + infinitif + ***de cela*** : *on ne cesse d'en parler = de parler de cela* Mais aussi : *d'en haut, d'en bas…*

7 Complétez ce texte avec des mots tirés de l'encadré ci-dessus.

De ce long et curieux détail il résulte que Monseigneur[1] était .... vice ni vertu, ... lumières ni connaissances quelconques, radicalement incapable .... acquérir, très paresseux, ... imagination ni production, ... goût, ... choix, ... discernement, né pour l'ennui qu'il communiquait aux autres ; livré aux plus pernicieuses mains, incapable .... sortir ni de .... apercevoir, absorbé .... sa graisse et .... ses ténèbres, et que, ... avoir aucune volonté de mal faire, il eût été un roi pernicieux.

D'après **Saint-Simon**, *Mémoires,* 1829.

1. Le Grand Dauphin, fils de Louis XIV et de Marie-Thérèse d'Autriche.

- *Tout* + **nom** ou **GN** est un déterminant • ou *tout* + **verbe** est un pronom → **s'accorde** en genre et en nombre : *Nous avons noté toutes les réponses. Toutes sont justes.*
- *Tout* + **adjectif** ou *tout* + **adverbe** est un **adverbe** **invariable**. *Elles sont tout attentives.* (= *très attentives*)
  Mais si l'adjectif qui suit *tout* est au **féminin** et commence par une **consonne** ou un ***h* aspiré**, ***tout*** **s'accorde** en genre et en nombre avec lui. *Elle est toute rayonnante. Elles sont toutes hardies.*

8 Choisissez entre *tout* et *toutes*.

Elles sont .... étonnées, ... calmes, ... heureuses, ... hésitantes, ... humbles, ... harassées, ... souriantes.

9 Complétez ces phrases avec la forme de *tout* qui convient.

1. L'amour-propre est le plus grand de .... les flatteurs. (La Rochefoucauld)

2. Apprenez que .... flatteur vit aux dépens de celui qui l'écoute. (La Fontaine)

3. Un souffle, une ombre, un rien, ... lui donnait la fièvre. (La Fontaine)

4. .... se lançaient, attrapaient la piste. Un glisseur tombait et .... ceux qui suivaient tombaient. (Pergaud)

- *Quelque* + **nom** + *que* + subordonnée de **concession** au subjonctif (voir p. 30) : **déterminant**
  → **s'accorde** en nombre avec le **nom**. *Quelques services que vous lui rendiez, il reste maussade.*
- *Quelque* + **adjectif** + *que* + subordonnée de **concession** au subjonctif : **adverbe**
  → reste **invariable**. *Quelque intelligents que soient les dauphins, ils ne comprennent pas le langage humain.*
- *Quel que* + ***être*** au subjonctif **s'accorde** en genre et en nombre avec le **sujet inversé** du verbe.
  Quelle que soit la saison, la montagne est toujours belle.

Les homophones

10 Complétez les phrases avec *quelque* et *quel que* correctement accordés.

1\. .... difficultés que vous rencontriez, ne vous découragez pas. / .... soient les difficultés rencontrées, ne vous découragez pas.

2\. Tu dois continuer à étudier, ... soient tes projets d'avenir.

3\. .... influents que soient ces gens, ils ne m'impressionnent pas.

4\. .... folie que nous fasse faire la peur, elle est excusée. (Stendhal) / .... soit la folie provoquée par la peur, elle est excusée.

- *Quoique* = *bien que*. *Quoique l'entreprise soit périlleuse, elle reste très attractive. (= Bien que l'entreprise soit...)*
- *Quoi que* = *quelle que soit la chose que*. *Quoi qu'on propose, il refuse. (= Quelle que soit la chose qu'on propose...)*

11 Barrez les formes qui ne conviennent pas.

1\. Quoique / Quoi que le film soit encensé par les critiques, je ne le trouve pas réussi.

2\. Quoique / Quoi que tu décides, préviens-moi.

3\. Quoique / Quoi que nous disions, il nous contredit.

4\. Quoique / Quoi que la campagne fût chaude encore de tout le soleil de l'après-midi, Albert s'engagea sur la longue route qui conduisait à Argol. (Gracq)

- *Même* + verbe ou + adjectif ou + GN = adverbe **invariable**
  Ils ont même décoré des rochers. • Ils décorent même des rochers. • Même décorés, des rochers restent des rochers.
- Dans les autres cas, *même* s'accorde en nombre : *Elles ont eu les mêmes idées. Elles feront tout elles-mêmes.*

12 Barrez les erreurs et corrigez-les.

Nous sommes jumeaux et nous avions les même amis. Même nos amis ne pouvaient nous différencier. Nos parents eux-même se trompaient parfois. Même vêtus différemment, nous lisions une hésitation dans le regard des autres : Qui était qui ?

....

S'entraîner pour le BAC

CORRECTION ET RÉÉCRITURE

13 Soulignez les fautes portant sur des homophones et corrigez-les.

Le roi passa dans une autre salle pour recevoir Mosché, et s'assit sur un trône dont les bras étaient formés par des lions [...]. Mosché parut : un autre Hébreu, nommé Aharon, l'accompagnait.

Quel que auguste que fût le Pharaon sur son trône d'or, Mosché n'était pas moins imposant : la majesté de l'âge équivalait chez lui à la majesté royale ; quoi qu'il eût quatre-vingts ans, il semblait d'une vigueur tout virile, et rien en lui ne trahissait les décadences de la sénilité. Les rides de son front et de ces joues, pareilles à des traces de ciseau sur du granit, le rendaient vénérable, s'en accuser la date des années [...].

D'après **Théophile Gautier**, *Le Roman de la momie*, 1858.

....

14 On ne peut être juste si on n'est humain. (Vauvenargues)

a. Quels sont les mots sous-entendus dans cette phrase (tournure littéraire) ? ....

b. Réécrivez la phrase en rétablissant ce qui est sous-entendu.

....

ÉCRITURE

15 Trouvez un exemple personnel pour chacune des rubriques contenues dans les encadrés.
Soulignez les homophones concernés.

33 Relire et corriger ses textes

Retenir et s'exercer

Pour éviter les fautes d'accord

- Accorder les verbes en **personne** et en **nombre** avec leur **sujet** : on recherche le ou les sujets, en posant la question : *Qui est-ce qui ?* ou *Qu'est-ce qui ?* suivie du verbe. *La fonte des glaciers les **préoccupe**.*
- Accorder les adjectifs : on recherche les **noms**, **GN** ou **pronoms** auxquels ils se rapportent, en posant la question : *Qui est-ce qui est ?* ou *Qu'est-ce qui est ?* + adjectif. *Chacun d'entre nous est **satisfait**.*
- Accorder les déterminants en genre et en nombre avec les noms qu'ils déterminent.
  cet emblème • cette atmosphère • ces espèces
- Accorder les participes passés : on observe s'ils sont employés :
  – **sans auxiliaire** : on les accorde comme des adjectifs : *Des éloges **mérités**.*
  – avec l'auxiliaire ***être*** : on les accorde avec le **sujet** : *La belle saison est **revenue**.*
  – avec l'auxiliaire ***avoir*** : on ne les accorde ni avec le sujet ni avec le COD placé après le verbe :
  Ils ont joué une scène. • on les accorde avec le **COD placé avant** le verbe : *La scène qu'ils ont **jouée**.*

Pour distinguer les homonymes grammaticaux

- Procéder à des **remplacements** : *je marchai (il marcha) • je marchais (il marchait)*
  *Où aller ? À droite ou à gauche ? → À quel endroit aller ? À droite **ou bien** à gauche ?*

Pour éviter les fautes d'orthographe lexicale

- Chercher les mots de la **même famille** : *univers (universel) • bienheureux (heureux)*
- Dire les mots et être attentif à leur **prononciation** : *oser* (un seul *s*) • *hausser* (deux *s*)
- Décomposer les mots en **préfixe, radical, suffixe** : *inintelligiblement → in/intellig/ible/ment*
- **Accentuer** correctement les mots en se fiant à leur **prononciation** : *élève • élevé • élévation*

Pour ponctuer correctement

- On relit mentalement ou à voix haute le texte et on est sensible à l'**intonation** : descendante [.], montante [?], etc., au **rythme** des phrases et aux **pauses** à l'intérieur des phrases : [,], [;]...
- On respecte la ponctuation et la typographie du **dialogue** : [:], [–], [« »]...

S'entraîner pour le BAC

REPÉRAGE DES FAUTES ET CORRECTION

Soulignez les fautes et corrigez-les.

Nous vivions alors dans une époque étrange, comme celles qui d'ordinaire succède au révolution ou aux abaissements des grands règnes. [...] C'était un mélange d'aspirations philosophique ou religieuse, d'entousiasmes vagues, mêlé de certains instincts de renaissance ; d'ennui des discordes passés, d'espoirs incertains. L'homme matériel aspirait au bouquet de roses qui devait le régénèrer par les mains de la belle Isis ; la déesse éternèlement jeune et pur nous apparaissait dans les nuits, et nous faisait honte de nos heures de jour perdu. Il ne nous restait pour asile que cette tour d'ivoires des poètes, où nous montions toujours plus hauts pour nous isoler de la foule. À ses points élevés où nous guidait nos maîtres, nous respirions enfin l'air pur des solitudes, nous buvions l'oubli dans la coupe d'or des légendes, nous étions ivres de poesie et d'amour. Amour, hélas ! des formes vagues, des teintes rose et bleue, des fantomes métaphisyques ! Vu de près, la femme réelle révoltait notre ingénuitée ; il fallait qu'elle apparut reine ou déesse, et surtout n'en pas approché.

D'après **Gérard de Nerval**, *Sylvie*, 1853.

....

....

....

....

34 La formation des mots

Retenir et s'exercer

Corrigés des exercices 1 à 5, p. 94

Les mots formés par dérivation

- Un mot **dérivé** est formé par l'ajout d'un **préfixe** et/ou d'un **suffixe** au **radical**.

  – Le radical est l'élément le plus important d'un mot, celui qui porte le **sens** principal.

  – Le préfixe est placé **avant** le radical. Il modifie le **sens** du radical sans modifier sa nature :
  faire → *re-faire* • *dé-faire* (verbes) • *port* → *im-port* • *ex-port* (noms)

  – Le suffixe est placé **après** le radical. Il détermine la **nature** du mot : *lent* (nom) → *lenteur* (adjectif), *lentement* (adverbe).

  Certains suffixes ont un sens précis : ***-able*** et ***-ible*** → possibilité : *lisible* ; ***-et***, ***-ette*** → diminutifs : *maisonnette*.

- Une famille de mots regroupe tous les mots ayant le même radical.

1 **Donnez la définition de ces mots à partir de leur formation : radical, préfixe et/ou suffixe.**

inaudible : ....

....

interdisciplinaire : ....

....

2 C'est avec une sorte de crainte que je touche à l'énigme de mes impressions du commencement de la vie, – incertain si bien réellement je les éprouvais moi-même ou si plutôt elles n'étaient pas des ressouvenirs mystérieusement transmis...

Pierre Loti, *Le Roman d'un enfant*, 1890.

a. **Relevez 3 mots ayant le même suffixe :** ....

Quelle est la classe grammaticale de chacun de ces mots ? ....

b. **Décomposez le nom *impression* en préfixe, radical, suffixe :** ....

c. **De quel verbe *transmis* est-il le participe passé ?** ....
Trouvez au moins dix mots de la famille de ce verbe.

....

....

Les mots formés par composition

- On forme des mots **composés** en associant deux ou plusieurs éléments qui peuvent être :
  soudés *(portefeuille)*, **juxtaposés** : *(hôtel de ville)*, **reliés par un trait d'union** *(sang-froid)*.

3 **Indiquez de quels éléments sont formés les mots composés suivants. Expliquez leur sens en partant de leur composition : *clairvoyance* • *contre-enquête* • *presqu'île***

....

....

....

....

....

Les mots formés par emprunt

- À partir du Moyen Âge, pour enrichir la langue, on a emprunté des mots :
  au **latin** et au **grec** (voir p. 70) : *forum, agenda, théâtre* • aux **langues étrangères** : *incognito* (italien), *ticket* (anglais), *algèbre* (arabe) • aux **langues régionales** : *bijou* (breton), *abeille* (provençal).

4 **Dans un dictionnaire où figure l'étymologie ou sur Internet, cherchez la date d'apparition des mots soulignés et leur langue d'origine.**

Dans la barque, elle prit une rame, me laissant la seconde. La pluie tombait plus soutenue, amortissait les rafales. On ne voyait ni les isbas de Mirnoïé ni même les saules de la berge opposée.

Andreï Makine, *La Femme qui attendait*, © Éditions du Seuil, 2004.

....

....

- Des mots **se créent** pour répondre aux réalités de la vie moderne. Ce sont des **néologismes** : *covoiturage, courriel, biocarburant...*

5 **Indiquez la signification de ces mots récents. Employez chacun d'eux dans une phrase.**

franglais : ....

....

adulescent : ....

....

écoresponsable : ....

....

biodégradable : ....

....

S'entraîner pour le BAC

ANALYSE

6 En route, les bêtes de la forêt je les entendis bien souvent encore, avec leurs plaintes et leurs trémolos et leurs appels, mais je ne les voyais presque jamais [...]. Cependant dès qu'on s'approchait de l'endroit de leur vacarme, plus personne, à part ces grosses pintades bleues, empêtrées dans leur plumage comme pour une noce et si maladroites quand elles sautaient en toussant d'une branche à l'autre, qu'on aurait dit qu'un accident venait de leur arriver.

Plus bas, sur les moisissures des sous-bois, des papillons lourds et larges et bordés comme des « faire-part » tremblotent de mal à s'ouvrir et puis, plus bas encore, c'était nous, en train de patauger dans la boue jaune.

Louis-Ferdinand Céline, *Voyage au bout de la nuit*, © Gallimard, 1952.

a. Expliquez comment sont formés les mots soulignés.

....

....

b. Expliquez la différence de formation et de sens entre *trembloter* et *trembler*.

....

....

c. Cherchez la date d'apparition et la langue d'origine de : *trémolo* et *pintade*.

....

ÉCRITURE

7 **Recopiez un texte de dix à quinze lignes, qui vous plaît.**

Soulignez les mots formés par dérivation, surlignez les mots formés par composition (s'il y en a). Sélectionnez cinq mots au moins et cherchez leur date d'apparition et leur langue d'origine.

35 Les emprunts au latin et au grec ancien

Retenir et s'exercer

Corrigés des exercices 1 à 9, p. 94

- La plupart des mots français viennent du **latin populaire** parlé en Gaule par les soldats romains, au Iᵉʳ siècle avant J.-C. Ces mots se sont **déformés** au cours du temps : *capellus* → *chapeau*.
- Les **emprunts au latin** ont enrichi la langue dès le Moyen Âge :
  – certains mots sont **passés directement** du **latin au français** : *maximum, un lavabo*…
  – d'autres mots ont été **francisés** : *patria* → *patrie* • *difficultas* → *difficulté*.

On dit que ces mots sont de formation savante.

1 Associez les mots latins passés en français à leur définition :

fac simile •	• par le fait lui-même
nec plus ultra •	• condition sans laquelle il n'y a rien à faire
idem •	• fait semblable, reproduction
sine qua non •	• dernier avertissement
ipso facto •	• ce qu'il y a de mieux, il n'y a pas mieux
alibi •	• la même chose
ultimatum •	• preuve qu'on était ailleurs

Ce qui correspond à la traduction du latin est souligné.

2 Recherchez les locutions latines correspondant à ces sigles. Associez-les à leur traduction : *parcours de la vie • écrit après • et tout le reste.*

etc. : .... • CV : ....
• P.-S. : ....

3 Retrouvez les mots français issus de ces mots latins.

verbes : *vivere* : .... • *sperare* : .... • *saltare* : ....
noms : *scientia* : .... • *honor* : .... • *stella* : ....
• *noctis* : .... • *schola* : ....

4 Chacun de ces mots latins a donné deux mots français : l'un d'origine populaire et déformé, l'autre créé au Moyen Âge. C'est ce dernier que vous devez retrouver.

captivus → chétif / .... • *potio* → poison / .... • *ratio* → raison / ....
• *fragilis* → frêle / .... • *simulare* → sembler / .... • *directum* → droit / ....

- Les **emprunts au grec** ont, dès le XIVᵉ siècle, permis de former des **mots savants** :
  théâtre, strophe, cosmos, physique…
- De nombreux mots grecs sont devenus des **radicaux** et des **préfixes** entrant dans la **composition de mots français**, en particulier dans le domaine des techniques et des sciences :
  géologie, téléphone, polysémie, thalassothérapie…

5 Associez ces mots d'origine grecque pour composer des mots français.

bios : vie • *chronos* : temps • *dèmos* : peuple • *gê* : terre • *graphein* : écrire, étudier • *kakos* : mauvais • *kratos* : force, pouvoir • *logos* : parole (étude) • *metron* : mesure • *micro* : petit • *morphê* : forme • *orthos* : droit, juste • *philein* : aimer • *phônê* : son • *sophia* : sagesse • *têlé* : loin • *autos* : soi-même

....
....

6 Voici quelques préfixes français d'origine grecque : *dia-* (à travers), *hémi-* (à demi), *hyper-* (au-dessus), *hypo-* (au-dessous), *para-* (autour), *sym-/syn-* (avec). Pour chacun d'eux, trouvez un mot qui mette son sens en évidence.

....

7 **Le préfixe latin *dis-* exprime l'absence, la séparation. Le préfixe grec *dys-* signifie *mauvais*, *défaillant*. Trouvez trois mots français comportant chaque préfixe.**

.... • ....

8 **a. Faites une recherche sur le mot *héliocentrisme*. Donnez sa définition :** ....

....

b. De quels éléments est-il composé ? ....

c. Lequel est d'origine : latine ...., **grecque** .... **?**

9 **Cherchez des mots français formés avec les mots latins et grecs.**

	mots latins	mots grecs
j'entends	*audio :*	*akouo :* ....
ville	*urbs :*	*polis :* ....
livre	*liber (-bris) :*	*biblion :* ....
j'écris	*scribo :*	*grapho :* ....
œil	*oculus :*	*ophtalmos :* ....
eau	*aqua :*	*hydor (-dro) :* ....
cercle	*circum :*	*kuklos :* ....

S'entraîner pour le BAC

OBSERVATION ET ANALYSE

10 Ils[1] ne parlent plus la même langue. Depuis Richelieu, l'Académie française publie, à peu près tous les quarante ans, pour référence, le dictionnaire de la nôtre. Aux siècles précédents, la différence entre deux publications s'établissait autour de quatre à cinq mille mots, chiffres à peu près constants ; entre la précédente et la prochaine, elle sera d'environ trente mille. À ce rythme linguistique, on peut deviner que, dans peu de générations, nos successeurs pourraient se trouver aussi séparés de nous que nous le sommes de l'ancien français de Chrétien de Troyes ou de Joinville. Ce gradient[2] donne une indication quasi photographique des changements majeurs que je décris.

Michel Serres, *Petite Poucette*, © Le Pommier, 2012.

1. Les jeunes gens de maintenant. **2.** gradient, n. m. : taux de variation d'une grandeur.

a. Relevez dans le texte :

– un nom qui vient du mot latin de même sens *sæculum* : ....

– un nom et un adjectif provenant du latin *lingua* : ....

Lequel est le plus récent ? .... **Comment le déduisez-vous ?** ....

....

– un adjectif provenant du latin *magnus*, grand, comparatif *major* : ....

b. Retrouvez dans le texte les mots provenant de ces mots grecs :

rhuthmos, cadence : .... • *akadémia*, nom du jardin où Platon enseignait :

.... • *phos*, lumière, *graphein*, écrire : ....

ÉCRITURE

11 **Recherchez des mots formés à partir de radicaux et préfixes d'origine grecque présentés dans la leçon et les exercices. Puis utilisez-en une partie pour composer des phrases ou, mieux, un petit texte technique, fantaisiste ou poétique.**

36 Le sens des mots

Retenir et s'exercer

Corrigés des exercices 1 à 6, p. 94

- Certains mots ont **plusieurs sens**. Ils sont **polysémiques**.
  les quatre scènes de l'acte 1 • monter sur scène • la scène du crime • faire une scène parce qu'on est fâché
- L'ensemble des sens d'un mot constitue son **champ sémantique**.

1 **Employez le mot *objectif* dans trois phrases avec des sens différents : deux phrases où il sera un nom, une troisième où il sera un adjectif.**

nom : ....

nom : ....

adjectif : ....

2 **Établissez le champ sémantique du mot *bleu* en l'employant dans plusieurs expressions avec des sens différents.**

....

....

- Le sens **propre** est le sens premier, le sens le plus **courant** d'un mot.
- Au sens **figuré**, le mot est utilisé pour former une **image**.
  un torrent de montagne (sens propre) • *un torrent de paroles* (sens figuré)
- Vous devez toujours **tenir compte** du **contexte** pour expliquer un mot dans un texte.

3 **Parmi les mots en gras, relevez ceux qui sont employés au sens figuré.**

SUR UN ÉVENTAIL

Ce petit **vent** délicieux
Qui vous **rafraîchit** le **visage**,
Ne fait qu'augmenter davantage
Le **feu** qui **brûle** dans vos **yeux**.

Ainsi l'**espoir** assez souvent
Qui **flatte** l'ardeur de mon âme,
Ne fait qu'augmenter la **flamme**,
Car cet espoir n'est que du **vent**.

Abbé de Laffemas, *Recueil de Sercy*, 1662.

....

- Le sens des mots **évolue** avec le temps :
  terrible signifiait *qui inspire la terreur* et signifie maintenant *très grave, très fort.*

4 **Complétez le tableau avec ces définitions :** *supplicier • stupéfier • faible • très beau • sensationnel • orgueil ou orgueilleux • redoutable • déranger • laid • supporter • paysan • ensorceler • éprouver une douleur • séduire • stupide • surprendre*

	sens ancien	sens actuel
superbe	....	....
charmer	....	....
gêner	....	....
souffrir	....	....
étonner	....	....
vilain	....	....
débile	....	....
formidable	....	....

- Les **synonymes** sont des mots de même classe grammaticale, qui ont un **sens identique** ou **très proche**.
  générosité / altruisme • inflexible / inébranlable
- Les **antonymes** sont des mots de même classe grammaticale, qui ont des **sens contraires**.
  articuler / bafouiller • bavard / taciturne
- L'emploi des synonymes et des antonymes varie selon le **contexte** : *La terre est sèche = aride • répondre d'un ton sec = brusque, cassant / La terre est sèche ≠ humide • répondre d'un ton sec ≠ aimable*

5 *(Voltaire répond à Deodati de Tovazzi qui vantait la supériorité de la langue italienne.)*

Vous faites un catalogue en deux colonnes de votre superflu et de notre pauvreté ; vous mettez d'un côté *orgoglio, alterigia, superbia,* et de l'autre, *orgueil* tout seul. Cependant, monsieur, nous avons *orgueil, superbe, hauteur, fierté, morgue, élévation, dédain, arrogance, insolence, gloire, gloriole, présomption, outrecuidance.*

Voltaire, *Correspondance, Lettre 4432*, 1762.

a. Parmi les synonymes de *orgueil* cités par Voltaire, quels sont ceux dont le sens s'est modifié avec le temps ? .... **b. Relevez-en deux qui, au sens propre, ne signifient pas *orgueil*, mais sont employés ici au sens figuré.** ....

c. Relevez deux antonymes dans le texte. ....

- Les **hyperonymes** (ou mots **génériques**) sont des termes qui englobent toute une catégorie de mots dont le sens est plus précis, plus limité et qu'on appelle **hyponymes** (ou mots **spécifiques**).
  hyperonyme : *classe grammaticale* • **hyponymes :** *verbe, nom, adjectif, pronom, adverbe, conjonction…*

6 **Citez des hyponymes de l'hyperonyme *sentiment*.**

....

S'entraîner pour le BAC

OBSERVATION ET ANALYSE

7 « Le livre ». Il [l'élève] ne le nomme jamais autrement dans ses dissertations : le livre, un livre, les livres, des livres.

« Dans son livre *Les Pensées*, Pascal nous dit que… »

Le prof a beau protester en rouge que ce n'est pas la dénomination correcte, qu'il faut parler d'un roman, d'un essai, d'un recueil de nouvelles, d'une plaquette de poèmes, que le mot « livre », en soi, dans son aptitude à tout désigner ne dit rien de précis, qu'un annuaire téléphonique est un livre, tout comme un dictionnaire, un guide bleu, un album de timbres, un livre de comptes.

Rien à faire, le mot s'imposera à sa plume dans sa prochaine dissertation :

« Dans son livre, *Madame Bovary*, Flaubert nous dit que… »

Daniel Pennac, *Comme un roman*, © Gallimard, 1995.

a. Soulignez dans le texte ce qui désigne un livre. Ces termes sont-ils synonymes ? ....

b. Pourquoi le mot *livre* est-il leur hyperonyme ?

....

c. Employez le mot *correct* dans deux phrases avec des sens différents.

....

....

ÉCRITURE

8 **La polysémie des mots peut entraîner des quiproquos. Rédigez une scène de comédie à partir d'un malentendu sur un mot (par exemple : *souris, toile, mousse, figure*…).**

37 Le vocabulaire du récit

Retenir et s'exercer

Corrigés des exercices 1 à 7, p. 94

- Un **récit** est une **histoire** qui raconte des **faits réels** ou **imaginaires.** Il appartient au **genre narratif.**
- Les **récits de faits imaginaires** sont des **fictions romanesques.** Un récit **fictif** peut être :
  – **proche** de la **réalité, vraisemblable** : romans **réalistes, naturalistes**, d'**aventures**, de **mœurs**, de **société**, **historiques, policiers...**
  – **éloigné** de la **réalité** : romans de **chevalerie** (ou romans **courtois**) dans lesquels intervient le **merveilleux**, romans et nouvelles **fantastiques**, de **science-fiction**, certains **contes** ou **fables**, œuvres d'***heroic fantasy*** (ou merveilleux héroïque) où les personnages évoluent dans un univers **médiéval** et **fantastique**...
- Les **récits de faits réels** sont les **biographies**, les **autobiographies**, les **mémoires** (nom masc. pl.)...

1 **Associez chaque définition ci-dessous à une de ces catégories de romans : *épistolaire, d'analyse, d'apprentissage, de mœurs.***

1. récit qui met en scène les modes de vie d'une société : ....

2. roman qui étudie en profondeur la psychologie d'un personnage : ....

3. récit constitué d'un échange de lettres : ....

4. récit de l'évolution d'un personnage à travers des événements qui le font mûrir : ....

2 **Trouvez à quelle catégorie d'œuvres romanesques appartient chacun des titres ci-dessous.**

titres	catégorie	titres	catégorie
Robinson Crusoé (Defoe)	....	*Le Horla* (Maupassant)	....
L'Assommoir (Zola)	....	*La Guerre des mondes* (Huxley)	....
Mort sur le Nil (Christie)	....	*Bilbo le Hobbit* (Tolkien)	....

3 **Trouvez le nom qui correspond à chacune de ces catégories de récits de faits réels.**

1. histoire de la vie d'une personne racontée par elle-même : ....

2. récit que quelqu'un fait d'événements précis dont il a été le témoin ou l'acteur : ....

3. récit de la vie d'une personne : ....

4. texte rédigé régulièrement où l'on se confie sur les événements de sa vie : ....

- Un **roman** est écrit par un **auteur**, pour des **lecteurs**, et il est publié par un **éditeur**.
- L'**auteur** est la personne réelle qui **écrit** l'ouvrage. Ses **personnages** sont des êtres de **fiction** qui ont une identité, des caractéristiques physiques et psychologiques. Ils **vivent** les faits racontés.
- Le **narrateur**, qu'il ne faut pas confondre avec l'auteur, est celui qui **raconte** l'histoire.

4 **Donnez les renseignements demandés ci-dessous, sur le roman *L'Étranger*.**

Auteur : .... • éditeur : ....

personnage principal : .... • narrateur : ....

5 **Donnez les renseignements demandés ci-dessous, sur les *Mémoires d'outre-tombe*.**

Auteur : .... • personnage principal : ....

narrateur : ....

- Le récit se fait selon **un point de vue** (ou **focalisation**) :
  – **omniscient** : le narrateur sait tous des événements et des personnages,
  – **interne** : le narrateur est un personnage de l'histoire qu'il raconte selon son point de vue,
  – **externe** : le narrateur est extérieur à l'action, il rapporte les faits comme un témoin objectif.

6 **Pour chacun de ces textes, précisez selon quel point de vue est fait le récit.**

1. Qu'il fasse beau, qu'il fasse laid, c'est mon habitude d'aller sur les cinq heures du soir me promener au Palais-Royal. (Diderot) ....

2. Tous les jours, sur les cinq heures du soir, un homme se promenait au Palais-Royal. ....

3. Qu'il fasse beau, qu'il fasse laid, sur les cinq heures du soir, notre homme se rendait au Palais-Royal pour faire un peu d'exercice et réfléchir aux événements de la journée écoulée. ....

- Un récit peut suivre l'**ordre chronologique** des événements, il peut aussi effectuer des **retours en arrière** ou au contraire **anticiper** ce qui va arriver.
- Un récit obéit à un **schéma narratif** : situation initiale, élément déclenchant, péripéties, situation finale.
- On appelle **incipit** la première phrase d'un roman.

7 **Quel texte contient un retour en arrière ?** .... **, une anticipation ?** ....

1. Thérèse allait avoir dix-huit ans. Un jour, seize ans auparavant, lorsque Madame Raquin était encore mercière, son frère, le capitaine Degans, lui apporta une petite fille dans ses bras. (Zola)

2. Nous fêtions notre succès et faisions des projets. Mais l'avenir en déciderait autrement.

8 **a. Copiez le titre d'un roman lu récemment. b. Résumez la situation initiale et la situation finale.**

....

....

....

....

....

S'entraîner pour le BAC

OBSERVATION ET ANALYSE

9 Tes personnages doivent avoir un lien avec la vie. Ils doivent exister en dehors du papier, voilà ce que le lecteur demande, que ça existe, que ça palpite. *Pour de vrai,* comme disent les enfants. Tu ne peux pas être à ce point dans la construction, dans l'artifice, dans l'imposture. Sinon tes personnages seront comme des mouchoirs en papier, on les jettera après usage dans la première poubelle venue. Et on les oubliera. Car il ne reste rien des personnages de fiction s'ils n'ont aucun lien avec le réel. »

J'étais troublée, mais je ne pouvais pas adhérer à son discours. Le personnage n'avait-il pas le droit de surgir de nulle part, sans aucun ancrage, d'être une pure invention ? Devait-il rendre des comptes ? Non. Je ne le croyais pas. Car le lecteur savait à quoi s'en tenir. Le lecteur était toujours partant pour céder à l'illusion et tenir la fiction pour de la réalité.

Delphine de Vigan, *D'après une histoire vraie,* © Jean-Claude Lattès, 2015.

a. Soulignez les mots qui appartiennent au vocabulaire du récit.

b. Comment comprenez-vous le mot *construction* dans ce contexte ?

....

c. Exprimez brièvement les deux opinions qui s'opposent.

....

....

ÉCRITURE

10 **Sur le thème de la rencontre, écrivez trois paragraphes autonomes en variant les points de vue : interne, omniscient, externe. Faites figurer un retour en arrière et une anticipation.**

38 Le vocabulaire du théâtre

Retenir et s'exercer

Corrigés des exercices 1 à 7, p. 95

- Une pièce de théâtre est écrite par un **auteur dramatique** (un **dramaturge**), jouée par des **comédiens** qui sont dirigés par un **metteur en scène**.
- Une pièce **classique** est organisée en **actes**, divisés en **scènes** (selon l'entrée ou la sortie d'un personnage).
- La **scène d'exposition** présente l'**intrigue** et les **personnages**. Le **nœud** est le cœur de l'action : les événements s'entremêlent, la situation paraît insoluble. Des **coups de théâtre** et des **quiproquos** interviennent parfois. Après de nombreuses **péripéties**, arrive le **dénouement** final.

1 Le mot *quiproquo* vient du latin *quid pro quod* qui signifie « quelque chose pour quelque chose ». Expliquez ce qu'est un quiproquo au théâtre, en partant de son étymologie.

....

2 Employé pour une pièce de théâtre, le mot *nœud* est une métaphore.

a. Expliquez le choix de ce mot. ....

....

b. Quel mot de la même famille trouve-t-on dans le vocabulaire du théâtre ? ....

De quels éléments est-il formé ? ....

Expliquez son sens en fonction de sa formation. ....

....

- Dans une scène, on trouve des **dialogues** composés de **répliques** échangées par les **personnages**.
- Une réplique longue est une **tirade**. Un **monologue** est dit par un seul personnage en scène.
- Quand un personnage parle en **aparté**, seul le public l'entend.
- Les didascalies sont des **indications scéniques** données par l'auteur sur le décor, les gestes, les mimiques. Elles sont généralement écrites en **italique**.

  HARPAGON. – C'est ce que je veux faire. *Il fouille dans les poches de La Flèche.* (Molière)

3 Voici des mots grecs : *dia* (à travers, entre), *monos* (seul), *logos* (la parole, le discours). Expliquez *dialogue* et *monologue* en fonction de leur étymologie.

....

....

....

4 Recherchez l'étymologie des mots *aparté* et *didascalie* pour expliquer leur sens.

....

....

....

....

....

5 Soulignez les didascalies. Surlignez les paroles prononcées en aparté.

LE COMTE, *embarrassé*. – Monsieur, j'étais chargé… Personne ne peut-il nous entendre ?
BARTHOLO, *à part*. – C'est quelque fripon. (*Haut*.) Hé non, monsieur le mystérieux ! parlez sans vous troubler, si vous pouvez.
LE COMTE, *à part*. – Maudit vieillard ! (*Haut*.) Don Bazile m'avait chargé de vous apprendre…

Beaumarchais, *Le Barbier de Séville*, acte 3, scène 2, 1775.

Les genres théâtraux ont varié selon les époques : la **tragédie**, le **drame bourgeois**, le **drame romantique**, le **mélodrame**, la **comédie classique**, la ***commedia dell'arte***, la **tragi-comédie**, la **comédie-ballet**, la **comédie classique**, le **vaudeville**, le **théâtre de boulevard**, le **théâtre de l'absurde**, le **théâtre engagé**…

6 **Faites des recherches et classez les genres théâtraux cités ci-dessus selon leur époque.**

XVIIe siècle	XVIIIe siècle	XIXe siècle	XXe et XXIe siècles
....	....	....	....
....	....	....	....
....	....	....	....
....	....	....	....
....	....	....	....

7 **Quels genres théâtraux correspondent à ces définitions ?**
Pièce de théâtre dont l'intrigue est tragique et le dénouement heureux. *Le Cid* de Corneille en est l'exemple type. .... • Drame populaire, caractérisé par le pathétique et le sentimentalisme, considéré comme un genre mineur. ....

S'entraîner pour le BAC

OBSERVATION ET ANALYSE

8

Scène II

PÈRE UBU, MÈRE UBU

PÈRE UBU, *saisissant un poulet rôti.* – Tiens, j'ai faim. Je vais mordre dans cet oiseau. C'est un poulet, je crois. Il n'est pas mauvais.
MÈRE UBU. – Que fais-tu, malheureux ? Que mangeront nos invités ?
PÈRE UBU. – Ils en auront encore bien assez. Je ne toucherai plus à rien. Mère Ubu, va donc voir à la fenêtre si nos invités arrivent.
MÈRE UBU, *y allant.* – Je ne vois rien. *Pendant ce temps le Père Ubu dérobe une rouelle de veau.*
MÈRE UBU. – Ah ! voilà le capitaine Bordure et ses partisans qui arrivent. Que manges-tu donc, Père Ubu ?
PÈRE UBU. – Rien, un peu de veau.
MÈRE UBU. – Ah ! le veau ! le veau ! veau ! Il a mangé le veau ! Au secours !
PÈRE UBU. – De par ma chandelle verte, je te vais arracher les yeux.

La porte s'ouvre.

Scène III

PÈRE UBU, MÈRE UBU, CAPITAINE BORDURE et ses partisans.

Alfred Jarry, *Ubu roi*, acte I, 1896.

a. Combien de répliques l'extrait de la scène II comporte-t-il ? ....

b. Soulignez les didascalies. Précisez quel genre de renseignements elles offrent ici.
....
....

c. Expliquez pourquoi on passe de la scène II à la scène III. ....
....

d. Quelle est la tonalité de cet extrait ? ....

ÉCRITURE

9 **À partir du vocabulaire étudié, réalisez une fiche de lecture sur une pièce de théâtre : auteur, genre théâtral, actes, personnages, exposition, nœud, péripéties, dénouement…**

39 Le vocabulaire de la poésie

Retenir et s'exercer

Corrigés des exercices 1 à 8, p. 95

- La **versification** est la technique de création de vers.
- Le **mètre** est le nombre de **syllabes** dans un vers. Un vers de 6 syllabes est un **hexasyllabe**, de 8 syllabes un **octosyllabe**, de 10 syllabes un **décasyllabe**, de 12 syllabes un **alexandrin**…
- Une **diérèse** dissocie deux voyelles qui se prononcent ensemble : *les vi-olons.*
- Les **vers libres** ne respectent pas les règles classiques de la versification.
- Une **strophe** est un groupement de vers : **tercet** : 3 vers • **quatrain** : 4 vers • **sizain** : 6 vers • **dizain** : 10 vers • **douzain** : 12 vers.

Le ***e*** placé à la fin d'un mot ne se prononce que s'il est suivi d'une consonne ou d'un ***h*** aspiré.

1 Indiquez le nombre de syllabes de chaque vers.

Je dis : douceur. ....
Je dis : douceur des mots ....
Quand tu rentres le soir du travail harassant ....

Eugène Guillevic, *Terre à bonheur*, © Seghers, 1952.

2 Précisez le mètre de chacun de ces vers.

1. Je vous supplie, ne me dédaignez pas (Ronsard). .... **2.** Notre porte est celle des hommes (Eluard). .... **3.** Et ces plaisirs légers qui font aimer la vie (Musset). ....

3 Les vers de l'exercice 1 sont-ils classiques ou libres ? Justifiez votre réponse.

....

- Les **rimes féminines** se terminent par un ***e* muet**, les rimes **masculines** par une **consonne** ou une **autre voyelle** que le ***e***.
- Les rimes **pauvres** ont un son en commun, les rimes **suffisantes** deux, les rimes **riches** trois.
- On désigne chaque rime par une lettre de l'alphabet (a, b, c, d…). Selon leur **disposition**, les rimes sont appelées **plates** (aabb), **embrassées** (abba), **croisées** (abab).

4 Relevez les rimes. a. Indiquez si elles sont masculines ou féminines, pauvres, suffisantes ou riches. b. Précisez les noms donnés à leur disposition.

C'était un chat vivant comme un dévot ermite
Un chat faisant la chattemite,
Un saint homme de chat, bien fourré, gros et gras,
Arbitre expert sur tous les cas.

Jean de La Fontaine, *Fables*, « Le Chat, la Belette et le Petit Lapin », 1679.

....

- La poésie joue avec les **sonorités** : l'**allitération** est la **répétition** d'un son **consonne**, l'**assonance** est la **répétition** d'un son **voyelle**.
Ô bruit doux de la pluie assonance / *Par terre et sur les toits !* allitération (Verlaine)

5 Surlignez les allitérations. Quelle est l'assonance du 2ᵉ vers ? ....

Maraud qui n'est maraud que de nom seulement,
Qui dit que tu es sage, il dit la vérité :
Mais qui dit que le soin d'éviter pauvreté
Te ronge le cerveau, ta face le dément.

Joachim du Bellay, *Les Regrets*, 1558.

- Le rythme d'un poème est assuré par la présence, dans certains mots, d'un **son** plus **accentué** que les autres et par des **coupes** correspondant à des **pauses** légères ou importantes.
- La césure coupe un alexandrin en deux hémistiches de 6 syllabes.
- Il y a enjambement lorsqu'une phrase **se poursuit, sans pause**, d'un vers sur le suivant.

6 **a. Soulignez les syllabes accentuées du premier vers.**

b. Quel vers présente une césure forte ? ……………………………………

c. Entre quels vers y a-t-il l'enjambement le plus net ? ……………………………………

d. Que remarquez-vous sur les sonorités du premier hémistiche du vers 4 ? ……………………………………

……………………………………………………………………………

……………………………………………………………………………

La lune s'attristait. Des séraphins en pleurs
Rêvant, l'archet aux doigts, dans le calme des fleurs
Vaporeuses, tiraient de mourantes violes
De blancs sanglots glissant sur l'azur des corolles.

Stéphane Mallarmé, *Apparition*, 1887.

- Les formes poétiques ont varié selon les époques : l'**épopée**, le **rondeau**, la **ballade**, l'**ode**, l'**élégie**, le **sonnet**, les **stances**…

7 **À quelle forme poétique correspond chacune de ces définitions ?**

1. poème narratif avec un refrain, se terminant par une strophe plus courte (ou envoi) : ……………………
2. petit poème à forme fixe, composé de deux quatrains, aux rimes embrassées, et de deux tercets :

……………………………………………………………………………

8 **Recherchez l'étymologie du mot *élégie*. Donnez sa définition en fonction de son étymologie.**

……………………………………………………………………………

……………………………………………………………………………

S'entraîner pour le BAC

OBSERVATION ET ANALYSE

9

À l'âge où l'on croit à l'amour
J'étais seul dans ma chambre un jour,
Pleurant ma première misère.
Au coin de mon feu vint s'asseoir
Un étranger vêtu de noir,
Qui me ressemblait comme un frère.

Il était morne et soucieux ;
D'une main il montrait les cieux,
Et de l'autre il tenait un glaive.
De ma peine, il semblait souffrir,
Mais il ne poussa qu'un soupir,
Et s'évanouit comme un rêve.

Alfred de Musset, *La Nuit de décembre* (extrait), 1835-1837.

a. Quel est le mètre de ces vers ? …………………………… **b. Comment appelle-t-on, selon leur disposition, les rimes des vers 1/2 et 7/8 ?** ……………………………

• des autres vers ? ……………………………

c. Relevez une diérèse dans la 2e strophe. ……………………………

d. Entre quels vers y a-t-il l'enjambement le plus net ? Pourquoi faut-il les dire sans pause ?

……………………………………………………………………………

ÉCRITURE

10 **Copiez un poème qui vous plaît. Faites une étude détaillée de sa forme en utilisant à son sujet le plus possible de termes empruntés au vocabulaire poétique de la leçon.**

40 Le vocabulaire de l'argumentation

Retenir et s'exercer

Corrigés des exercices 1 à 5, p. 95

- Une **argumentation** est un ensemble d'**arguments** formulés pour défendre une **opinion** et aboutissant à une **conclusion**. Elle est destinée à emporter l'**adhésion** d'un destinataire.
- Elle cherche à **convaincre**, avec des arguments **logiques, objectifs**, qui font appel à la **raison**, ou bien à **persuader**, avec des arguments **affectifs, subjectifs**, qui font appel à la **sensibilité** ou à l'**émotion**.
- L'art de l'**éloquence**, à visée **argumentative**, est la **rhétorique**.

1 **Dans quels cas l'argumentation cherchera-t-elle à convaincre : .... à persuader : .... ?**

1. La curiosité intellectuelle est une qualité. **2.** Être en contact avec la nature est un besoin vital chez l'être humain. **3.** Comment peut-on encore défendre la peine de mort ?

- Un **texte argumentatif** traite d'un **thème** : le **sujet** dont il est question.
- L'énonciateur propose une **thèse** : une **opinion**, un **avis** personnel sur le sujet. Il **défend**, **soutient** sa thèse, à l'aide d'**arguments**, illustrés d'**exemples**.
- Il peut adopter une **stratégie argumentative** : par exemple, faire une **concession**, en **admettant** une partie de la **thèse adverse**, puis la **réfuter**, avec **arguments** et **preuves** à l'appui.

2 Pangloss prouvait admirablement qu'il n'y a point d'effet sans cause [...].
« Il est démontré, disait-il, que les choses ne peuvent être autrement : car, tout étant fait pour une fin, tout est nécessairement pour la meilleure fin. Remarquez bien que les nez ont été faits pour porter des lunettes, aussi avons-nous des lunettes. Les jambes sont visiblement instituées pour être chaussées, et nous avons des chausses. [...] Par conséquent, ceux qui ont avancé que tout est bien ont dit une sottise : il fallait dire que tout est au mieux. »

Voltaire, *Candide ou l'optimisme*, 1759.

a. Citez la thèse défendue par Pangloss. ....

Reformulez-la : ....

b. Citez la conclusion qu'il tire. ....

c. Soulignez l'argument. Surlignez les mots destinés à lui donner du poids.

d. Quels exemples Pangloss prend-il pour appuyer son argument ? ....

e. Cette argumentation est-elle convaincante ? Trouvez un adjectif pour la qualifier.

....

3 **Albert Jacquard répond à des préoccupations (en italique) d'élèves de terminale.**

On peut parfois regretter d'avoir échappé au bonheur de l'animal ! D'avoir perdu l'inconscience de la mort.

Si l'on ignore la mort, il n'est pas possible d'apprécier le présent. Rien ne serait plus triste que de se savoir immortel. En imaginant demain, ce qu'apparemment aucun animal ne sait faire, nous avons donné valeur au présent. Le prix à payer est l'angoisse de l'aboutissement, la disparition finale que nous ne pouvons plus ignorer. Je ne trouve pas que ce soit un prix exorbitant.

Albert Jacquard, *Petite Philosophie à l'usage des non-philosophes*, © Calmann-Lévy, 1997.

a. Soulignez le thème. Surlignez la thèse. Mettez une barre entre les arguments.

b. Quelle phrase constitue une concession à la thèse adverse ? ....

....

c. Quelle est la conclusion ? ....

- Parmi les genres argumentatifs, on trouve l'**essai**, le **plaidoyer**, la **satire**, le **pamphlet**, la **diatribe**, le **réquisitoire**, le **manifeste**, la **controverse**...

4 À partir de vos connaissances ou de recherches personnelles, dites à quel genre argumentatif correspond chacune de ces définitions.

- écrit satirique, bref et violent, contre quelqu'un ou quelque chose : ....
- proclamation écrite et solennelle, destinée à attirer l'attention du public : ....
- plaidoirie, discours où on accumule des accusations : ....
- écrit ou discours qui critique violemment une personne ou une institution : ....

- Pour exprimer les rapports logiques (**conséquence**, **opposition**, **concession**, **condition**...) entre les parties d'un texte argumentatif, on utilise un vocabulaire spécifique (voir p. 52 et 53).

5 Puisque la nature humaine se trouve la même dans tous les hommes, il est clair que selon le droit naturel chacun doit estimer et traiter les autres comme autant d'êtres qui lui sont naturellement égaux, c'est-à-dire qui sont hommes aussi bien que lui.
De ce principe de l'égalité naturelle des hommes, il résulte plusieurs conséquences. Je parcourrai les principales.

Encyclopédie ou Dictionnaire raisonné des sciences, des arts et des métiers, 1755.

a. Relevez le vocabulaire qui traduit • **une cause :** ....

• **une conséquence :** ....

b. Quel est, ici, le sens de *principe* ? ....

S'entraîner pour le BAC

OBSERVATION ET ANALYSE

7 Il ne m'a jamais semblé possible que l'homme et la femme fussent deux êtres absolument distincts. Il y a diversité d'organisation et non pas différence.
Il y a donc égalité et non point similitude. J'admets physiologiquement que le caractère a un sexe comme le corps, mais non pas l'intelligence. Je crois les femmes aptes à toutes les sciences, à tous les arts et même à toutes les fonctions comme les hommes.

George Sand, *Correspondance,* « Aux membres du Comité Central », 1848.

a. Quel est le thème général traité par l'auteur ?

....

b. Soulignez la thèse.

c. Relevez une concession faite à la partie adverse. Surlignez le mot qui l'introduit.

....

d. Relevez ce qui réfute cette concession. Surlignez le mot qui l'introduit.

....

e. Qu'est-ce qui, dans la conclusion, prouve que George Sand émet une conviction personnelle ?

....

f. Quelle expression clôt le paragraphe ? Pourquoi ? ....

....

ÉCRITURE

8 En un développement bien construit de quinze à vingt lignes environ, expliquez ce qu'est un texte argumentatif.
Reprenez de nombreux termes étudiés dans cette fiche.

41 Les figures de rhétorique

Retenir et s'exercer

Corrigés des exercices 1 à 6, p. 95

Figures d'**analogie**

- Une comparaison établit une **ressemblance** entre deux termes, **grâce à un outil de comparaison** : *comme, tel… Le violon frémit* ***comme*** *un cœur qu'on afflige.* (Baudelaire)
- Une métaphore établit aussi une **ressemblance** entre deux termes, mais **sans outil de comparaison**. *Les flots, le long du fleuve, glissent,* ***vertes couleuvres.*** (Hugo)
- Une personnification attribue un **comportement humain** à une chose ou à un animal. *Le crépuscule* ***ami s'endort*** *dans la vallée.* (Vigny)
- Une allégorie représente une **idée abstraite** par un **personnage**. ***La Déroute*** *apparut au soldat qui s'émeut.* (Hugo)

1 Pour chaque phrase, dites si elle contient une comparaison ou une métaphore.

1. Le poète est semblable aux oiseaux de passage. (Lamartine) ....
2. L'aube vive dardait sa flèche de lumière. (Leconte de Lisle) ....
3. Le long ruban d'eau qui ruisselle au soleil. (Balzac) ....

2

La Nature au lit se repose ;
Lui[1], descend au jardin désert
Et lace des boutons de rose
Dans leur corset de velours vert.

Théophile Gautier, *Émaux et Camées*, 1852.

1. Lui = le printemps.

a. **Relevez une allégorie :** ....

b. **Qu'est-ce qui est personnifié ?** ....

....

c. **Relevez une autre figure d'analogie dans les vers 3 et 4.**

....

Figures d'**opposition**

- Une antithèse oppose deux termes de **sens contraire**. *Et* ***monté*** *sur le faîte, il aspire à* ***descendre.*** (Corneille)
- Un oxymore **réunit** deux mots de sens **opposé**, en principe inconciliables. *Cette* ***petite grande*** *âme* (Hugo)

3 Soulignez les antithèses. Surlignez les oxymores.

1. Par ma foi, voilà un beau jeune vieillard pour quatre-vingt-dix ans. (Molière)
2. Avec de la générosité, elle avait l'apparence de l'avarice. (Chateaubriand)
3. […] et mon luth constellé /porte le Soleil noir de la Mélancolie. (Nerval)
4. Je les aime et je les déteste, ces animaux charmants et perfides. (Maupassant)

Figures de **substitution**

- Une antiphrase dit le **contraire** de ce qu'on **veut faire comprendre**. *Bravo ! Tu as tout gâché.*
- Un euphémisme **atténue** une réalité déplaisante ou brutale. *Hippolyte n'est plus.[= Il est mort.]* (Racine)
- Une litote **atténue** une expression, pour mieux la **renforcer**. *Va, je ne te hais point. [= Je t'aime.]* (Corneille)
- Une métonymie **remplace** un mot par un autre qui lui est **logiquement associé**. *C'est un Harpagon. [= un avare]*
- Une synecdoque désigne la **partie** pour le **tout** (ou inversement). *Un troupeau de cent têtes. [= bêtes]*
- Une périphrase **remplace** un **mot** par un **groupe de mots**. *L'empereur à la barbe fleurie. [= Charlemagne]*

4 Associez phrases et figures de rhétorique. Soulignez les mots qui créent ces figures.

1. Voulez-vous un verre ? Je n'ai que de l'Évian. •
2. Les citoyennes des étangs [...]. (La Fontaine) •
3. Tu es un professionnel de la maladresse ! •
4. Il ne travaille plus, on l'a remercié. •
5. Ce visage ne m'est pas inconnu. •

- • antiphrase
- • euphémisme
- • litote
- • métonymie et synecdoque
- • périphrase

5 Réécrivez les phrases de l'exercice 4 en faisant disparaître les figures de rhétorique.

1. ....
2. .... 4. ....
3. .... 5. ....

Figures d'**insistance**

- Une hyperbole est une **exagération** dans les termes.
  L'univers est une énorme injustice. (Jules Romains)
- Un chiasme est une **construction inversée** de deux groupes de mots, sur le modèle AB/BA.
  La nuit morne tombait sur la morne étendue. (Hugo)
- Une anaphore est une **répétition** placée en début de phrase, de vers ou de proposition.
- Une accumulation est une **énumération**, qui crée une impression de **profusion**.

6 Soulignez les figures de style. Indiquez leur nom.

1. Il faut manger pour vivre et non pas vivre pour manger. (Molière) ....
2. On faisait quelquefois souffrir mille morts à un innocent. (Voltaire) ....
3. Au ciel, au vent, au roc, à la nuit, à la brume,
   Le sinistre océan jette son noir sanglot. (Hugo)
   ....
4. Cœur qui a tant rêvé, / Ô cœur charnel,
   Ô cœur inachevé, / Cœur éternel (Péguy)
   ....

S'entraîner pour le BAC

OBSERVATION ET ANALYSE

7 Ce qui arrêtait ces dames, c'était le spectacle prodigieux de la grande exposition de blanc. [...] Les galeries s'enfonçaient, dans une blancheur éclatante, une échappée boréale, toute une contrée de neige, déroulant l'infini des steppes tendues d'hermine, l'entassement des glaciers allumés sous le soleil. On retrouvait le blanc des vitrines du dehors, mais avivé, colossal, brûlant d'un bout à l'autre de l'énorme vaisseau, avec la flambée blanche d'un incendie en plein feu. Rien que du blanc, tous les articles blancs de chaque rayon, une débauche de blanc, un astre blanc dont le rayonnement fixe aveuglait d'abord, sans qu'on pût distinguer les détails, au milieu de cette blancheur unique.

Émile Zola, *Au Bonheur des Dames*, 1883.

a. **La répétition d'un mot constitue le fil conducteur de ce texte. Lequel ?** ....
b. **À quelle figure de rhétorique correspond *glacier allumé* ?** ....
c. **Dans ce qui précède le mot *glaciers*, soulignez les métaphores qui évoquent le froid.**
d. **Dans ce qui suit le mot *allumés*, surlignez les métaphores qui évoquent le feu.**
e. **Relevez les hyperboles :** ....
f. **Quelles impressions dominent dans ce texte ?** ....

....

....

ÉCRITURE

8 Sur le modèle du texte ci-dessus, décrivez un lieu où domine une couleur, par exemple le noir.
Donnez du relief à votre description en recourant à de nombreuses figures de rhétorique.

Test 1 Grammaire

1 Fiches 1 à 5 **Relevez les constituants de cette phrase. Indiquez leur nature et leur fonction.** ..../5

Le long de la rue couverte, maintenant, des femmes vendaient du café, de la soupe. (Zola)

....

....

....

2 Fiches 4 et 11 **Transformez cette phrase de manière à obtenir une principale et une subordonnée circonstancielle dont vous donnerez la fonction exacte.** ..../1

1. Avec un télescope, nous observerions Uranus et Neptune.

....

2. Malgré les difficultés du parcours, la skieuse remporte le trophée.

....

3 Fiche 6 **Quels types et quelles formes de phrase caractérisent ces phrases ?** ..../2

1. Ne sera-t-il pas organisé une concertation sur le nouveau règlement intérieur ?

....

2. Qu'on tienne compte de chaque détail !

....

4 Fiches 6 et 20 Ne négligez pas les notes en bas de page. ..../1

Réécrivez cette phrase sans en changer le sens, mais en utilisant :

a. un infinitif : ....

b. un subjonctif : ....

....

5 Fiches 8 et 9 **Relevez chaque proposition de cette phrase. Indiquez sa nature et éventuellement sa fonction.** ..../7

Je m'occupe d'une affaire qui sera plus lucrative que ce pauvre établissement, et au moyen de laquelle je réparerai les pertes que j'ai faites avec vous. (Balzac)

....

....

....

....

6 Fiches 22 et 24 **Ces phrases sont incorrectes. Corrigez-les.** ..../2

1. On nous prévint que l'utilisation d'un téléphone sera interdite.

....

2. On se demande pourquoi la pièce de théâtre n'est-elle plus à l'affiche ?

....

7 Fiche 24 **Transposez ce qui suit au discours indirect.** ..../2

Elle nous demanda : « Savez-vous que le véritable nom de Stendhal est Henri Beyle ? »

....

....

Ma note : ..../20

Test 2 Orthographe et vocabulaire

1 Complétez ce qui suit avec les bonnes terminaisons. ....../3

Fiches 29 et 30

Quand il les[1] eu......... lu.......... et relu.........., il ferma les volets et les rideaux, et, sans lumière, le verrou tir.........., étend.......... sur un divan, il réfléchi.........

D'après **Maurice Leblanc**, *Les Huit Coups de l'horloge*, 1923.

1. les : des journaux.

2 Réécrivez ces phrases en corrigeant les erreurs. ....../3

Fiches 29 et 32

1. Chacun de ce qui participe au stage apprécie la sérénité du lieu où se déroule les séances.

....

....

2. Quoiqu'on fasse et quelque soit les motivations, on a aucun intérêt à agir dans la précipitation.

....

....

3 Réécrivez le texte en mettant les verbes au passé composé et en remplaçant *public* par *foule*. ....../3

Fiche 30

La tapisserie se souleva ; quatre personnages bariolés et fardés en sortirent, grimpèrent la roide échelle du théâtre, et, parvenus sur la plate-forme supérieure, se rangèrent en ligne devant le public qu'ils saluèrent profondément ; alors la symphonie se tut.

Victor Hugo, *Notre-Dame de Paris*, 1831.

....

....

....

4 Précisez de quels éléments est formé le mot *multiculturel*. Expliquez sa classe grammaticale et son sens en fonction de cette formation. ....../3

Fiche 34

....

....

....

5 Donnez au moins deux synonymes de chacun de ces mots. ....../2

Fiche 36

présomptueux : ....

pasticher : ....

6 Donnez une définition de chacun de ces mots. ....../2

Fiches 37 et 38

incipit : ....

didascalies : ....

....

7 Associez chaque extrait à la figure de rhétorique qu'il contient. ....../4

Fiche 41

Vous êtes aujourd'hui ce qu'autrefois je fus (Hugo) •	• métaphore
Un silence assourdissant (Camus) •	• chiasme
Ce n'était pas un sot, non, non (La Fontaine) •	• oxymore
Ma jeunesse ne fut qu'un ténébreux orage (Baudelaire) •	• litote

Ma note : ....../20

Méthode BAC

Répondre à la question de grammaire de l'épreuve orale

CONSEIL Développez votre réponse en utilisant un vocabulaire grammatical juste et précis.

Si vous devez analyser :

- **un type de phrase** (➡ fiche 6), par exemple, l'**expression de l'interrogation** (type interrogatif, ➡ p. 14 et 16), de l'**ordre** (type impératif, ➡ p. 14),
- **une forme de phrase** (➡ fiche 6), par exemple, l'**expression de la négation** (➡ p. 15 et 16),
  - indiquez ce qui caractérise la **construction** propre au **type** ou à la **forme** de phrase :
  caractère total ou partiel – ponctuation – mot introducteur, sa nature, sa fonction – ordre des mots…

EXEMPLE

Analysez l'expression de l'ordre, dans ces vers.

Efforçons-nous de vivre avec toute innocence,
Et **laissons** aux causeurs une pleine licence. (Molière)

Réponse : L'ordre s'exprime dans ces vers sous forme de deux phrases simples de type impératif (injonctif). Leur **verbe** est à l'impératif, à la 1re personne du pluriel, le sujet n'est pas exprimé et le pronom personnel réfléchi COD (*nous*) est inversé.

Si vous devez procéder à une analyse syntaxique sur :

- **la construction d'une phrase simple ou d'une proposition** (➡ fiches 2, 3, 4),
  - analysez les **différents constituants de la phrase** ou de la **proposition** : sujet, attributs, compléments du verbe, auxquels s'ajoutent les compléments circonstanciels,
  - donnez la **nature** (➡ fiche 1) de chaque constituant et sa **fonction** (➡ fiches 2 à 5) ; notez, si c'est nécessaire, l'ordre des mots, le type et la forme de la phrase (➡ fiche 6).

EXEMPLE

Analysez la construction de cette phrase.

La joie et la beauté **sont** mes dieux les plus chers, après la liberté. (Musset)

Réponse : Il s'agit d'une phrase simple construite autour du **verbe** *sont*. Son sujet est formé de deux GN reliés par *et* : *La joie et la beauté*. Ce sujet est précisé par un GN attribut du sujet : *mes dieux les plus chers*, composé d'un déterminant possessif (*mes*), d'un nom (*dieux*) et de son épithète, l'adjectif *chers* au superlatif relatif de supériorité. La phrase est complétée par un GN c. circonstanciel (*après la liberté*), introduit par la préposition *après* et rejeté en fin de phrase.

- **la construction d'une phrase complexe** (➡ fiche 8),
  - analysez chacune de ses **propositions** (indépendante, principale, subordonnée) ; indiquez :
    - la **nature** précise des **subordonnées** (➡ p. 19), leur **fonction** (➡ fiches 9 à 11), la nature de leur **subordonnant** (➡ p. 19) et éventuellement sa fonction (➡ p. 20),
    - l'**articulation** des **propositions** entre elles : juxtaposition, coordination ou subordination (➡ p. 18).

EXEMPLE

Analysez la construction de cette phrase.

1. Il ne possédait plus que cent sous, **mais** il rassembla pour continuer sa route un reste de force. (Balzac)

Réponse : Il s'agit d'une phrase complexe, composée de deux propositions indépendantes, coordonnées par la **conjonction de coordination** *mais*.

2. Vous marchez d'un **tel** pas qu'on a peine à vous suivre. (Molière)

Réponse : Il s'agit d'une phrase complexe, puisqu'elle contient deux noyaux verbaux (*marchez, a peine*). Elle est composée d'une **proposition principale** (*Vous marchez d'un tel pas*) et d'une proposition subordonnée conjonctive, CC de conséquence (*qu'on a peine à vous suivre*). Cette subordonnée est introduite par la **conjonction de subordination** *qu'* reliée à *tel* dans la principale.

Si vous devez opérer une transformation, vous devrez peut-être :

- **passer d'une forme de phrase à l'autre** (➥ fiche 6) : d'une forme passive à une forme active, d'une forme impersonnelle à une forme personnelle…, et inversement.

EXEMPLE

Transformez la 1re phrase de manière à lui donner une forme passive, et la 3e phrase de manière à lui donner une forme active. Expliquez les transformations opérées.

Paul **donna** l'explication de ces gravures à Félicité. Ce fut même toute son éducation littéraire. Celle des enfants **était faite** par Guyot, un pauvre diable employé à la Mairie. (Flaubert)

Réponse : *L'explication de ces gravures* ***fut donnée*** *par Paul à Félicité.*

Le verbe *donner* passe du **passé simple actif** au **passé simple passif**.
Le sujet du verbe actif devient le CA du verbe passif, le COD du verbe actif devient le sujet du verbe passif.

Guyot, un pauvre diable…, ***faisait*** *celle des enfants.*
Le sujet et le CA du verbe passif deviennent le COD et le sujet du verbe actif.

- **passer d'une phrase simple à une phrase complexe** (➥ fiche 8) : en transformant, par exemple, un GN en subordonnée de même fonction.

EXEMPLE

Transformez cette phrase de manière à faire apparaître une principale et une proposition subordonnée circonstancielle de concession. Expliquez les transformations opérées.

Malgré sa lassitude, **ses paupières bientôt se rouvrirent […].** (Zola)

Réponse : *Bien qu'il fût las,* ***ses paupières bientôt se rouvrirent****.*

Le GN CC de concession (*malgré sa lassitude*) est remplacé par une sub. conjonctive CC de concession, introduite par la locution conjonctive *bien que* et dont le verbe est à l'imparfait du subjonctif.
Le reste de la phrase devient la **principale**.

- **passer d'une construction à une autre** (➥ fiche 8) : en transformant, par exemple, deux indépendantes juxtaposées en indépendantes coordonnées ou en principale + subordonnée.

EXEMPLE

Transformez cette phrase de manière à obtenir une principale et une subordonnée circonstancielle ; identifiez la subordonnée ; expliquez les transformations opérées.

Longtemps, il l'avait crue endormie, **car** elle ne soufflait même pas. (Zola)

Réponse : *Longtemps, il l'avait cru endormie,* ***parce qu'****elle ne soufflait même pas.*

La **conjonction de coordination** *car* qui reliait deux propositions indépendantes coordonnées est remplacée par la **locution conjonctive de subordination** *parce que*.
La phrase est désormais composée d'une proposition principale (*Longtemps, il l'avait crue endormie*) et d'une proposition subordonnée conjonctive, CC de cause (*parce qu'elle ne soufflait même pas*).

- **passer du discours direct au discours indirect**, et inversement (➥ fiche 24) :

EXEMPLE

Transformez ce qui suit de manière à passer du discours direct au discours indirect. Expliquez les transformations opérées. Identifiez les propositions utilisées.

Puis, elle **demanda**, hésitante, pleine d'angoisse :
— Peux-tu me prêter cela, rien que cela ? (Maupassant)

Réponse : *Puis, elle* ***demanda****, hésitante, pleine d'angoisse, si elle (il) pouvait lui prêter cet objet, rien d'autre.*

La 1re proposition est devenue la principale.
L'interrogation directe est devenue une subordonnée interrogative indirecte, introduite par *si* et COD du **verbe** *demanda*.
Les pronoms des 1re et 2e personnes (*me, tu*) sont remplacés par des pronoms de la 3e personne, et le verbe est à l'imparfait de l'indicatif, comme l'exige la concordance des temps.
Le sujet n'est plus inversé et le point d'interrogation est remplacé par un point.
Le démonstratif *cela* est remplacé par un GN.

Corrigés des entraînements, p. 95

Entraînement

1 Ce Phileas Fogg était-il riche ? Incontestablement. Mais comment il avait fait fortune, c'est ce que les mieux informés ne pouvaient dire, et Mr Fogg était le dernier auquel il convînt de s'adresser pour l'apprendre. […]

Jules Verne, *Le Tour du monde en quatre-vingts jours*, 1872.

a. Analysez l'emploi de l'interrogation dans cet extrait.

....

....

....

....

....

b. Transformez l'interrogation directe en interrogation indirecte et l'interrogation indirecte en interrogation directe.

....

2 « Surtout ne manque pas de frapper au mur si tu as besoin de quelque chose cette nuit, mon lit est adossé au tien, la cloison est très mince. D'ici un moment, quand tu seras couché, fais-le, pour voir si nous nous comprenons bien. »

Marcel Proust, *À l'ombre des jeunes filles en fleurs*, 1919.

a. Analysez la construction de la première phrase, en détaillant votre réponse.

....

....

....

....

b. Transformez-la de manière à faire apparaître des propositions coordonnées.

....

....

c. Analysez les compléments circonstanciels de la deuxième phrase.

....

....

....

3 Je n'ai point l'intention de plaider ici pour le petit roman qui suit. Tout au contraire les idées que je vais essayer de faire comprendre entraîneraient plutôt la critique du genre d'étude psychologique que j'ai entrepris dans *Pierre et Jean*.

Guy de Maupassant, *Le Roman*, Préface de *Pierre et Jean*, 1888.

a. Analysez les subordonnées relatives de cet extrait, ainsi que leur subordonnant.

....

....

....

....

....

....

4 Le patrimoine génétique ne fournit que les informations nécessaires à la construction d'un individu ; il est incapable de transformer cet individu, être vivant parmi d'autres, en une personne consciente de son existence. Or cette mue ne peut être provoquée que par la mise en contact avec les autres, c'est-à-dire par l'insertion dans un système éducatif. La conscience morale, comme tout ce qui constitue notre personne, ne peut donc avoir pour source que la culture.

Albert Jacquard, *Petite Philosophie à l'usage des non-philosophes*, © Calmann-Lévy, 1997.

a. Analysez la construction de la première phrase, en détaillant votre réponse.

....

....

b. Transformez-la de manière à faire apparaître deux propositions coordonnées.

....

....

....

c. Transformez la deuxième phrase de manière qu'elle ait une forme de phrase active. Expliquez les transformations que vous avez opérées.

....

....

....

....

....

5 Lui parti, j'ai retrouvé le calme. J'étais épuisé et je me suis jeté sur ma couchette. Je crois que j'ai dormi parce que je me suis réveillé avec des étoiles sur le visage. Des bruits de campagne montaient jusqu'à moi. Des odeurs de nuit, de terre et de sel rafraîchissaient mes tempes. La merveilleuse paix de cet été endormi montait en moi comme une marée. À ce moment et à la limite de la nuit, des sirènes ont hurlé. Elles annonçaient des départs pour un monde qui maintenant m'était à jamais indifférent.

Albert Camus, *L'Étranger*, © Gallimard, 1942.

a. Transformez la première phrase de manière à faire apparaître une proposition principale et une proposition subordonnée circonstancielle dont vous donnerez la fonction. Expliquez pourquoi *Lui parti* est une subordonnée participiale.

....

....

....

....

....

....

b. Transformez la deuxième phrase de manière à faire apparaître une proposition principale et une proposition subordonnée circonstancielle dont vous donnerez la fonction. Expliquez les transformations que vous avez opérées.

....

....

....

....

Corrigés

1 p. 4-5

1 a. cœur, cavalier, bout, doigts, ligne, coup, archet, rythme, orchestre, mouvements, cou b. émotion c. cavalier d. légers e. battit, tenant, vint, se mettre, attendit, partir, disparut, se balançant, glissait

2 *ses*, possessif • *quinze*, numéral • *Toute*, indéfini • *l'*, article défini • *cet*, démonstratif • *quelques*, indéfini

3 *tout*, indéfini • *ce*, démonstratif • *que*, relatif • *vous*, personnel • *rien*, indéfini • *que*, interrogatif • *vous*, personnel

4 a. b. prépositions : *pour, de, en, devant* • adverbe de liaison : *puis* • conj. de subor. : *lorsque, qu'* • conj. de coord. : *et*

2 p. 6-7

1 1. apposition 2. épithète 3. c. de l'antécédent 4. c. du nom

2 *claire / blonde / un peu rousse* : adjectifs, épithètes • *dont les cheveux … de broussailles* : sub. relative, c. de l'antécédent • *de broussailles* : nom (GN), CDN • *fin / retroussé* : adj., épithètes

3 a. 1. *propice … artistique* : apposition à *imagination* • *nécessaire … du quotidien* : attr. du sujet *L'imagination* 2. *sûr que tu es fier de nous* : attr. du sujet *Je* • *fier de nous* : attr. du sujet *tu* 3. *facile à imiter* : attr. du sujet *Votre signature*
b. *à la création artistique*, GN • *à l'embellissement du quotidien*, GN • *que tu es fier de nous*, sub. conj. • *de nous*, pro. pers.

4 a. *plus important, aussi représentatifs* b. *le plus joué, très importante* c. *du monde*, GN • *que Voltaire ou Hugo* : noms propres (GN)

5 a. *Aucun de ces tableaux* : sujet • *celui-ci … de talent* : COD • *Lequel d'entre vous* : sujet
b. *de ces tableaux* : GN • *d'entre vous* : pronom c. *œuvre d'un … talent*

3 p. 8-9

1 a. sujets : *Qui, Tenter de résoudre une énigme, Ce roman, tous, Le plus incroyable, personne* / attr. du S. : *le personnage principal du roman, très excitant, passionnant, que personne … principal* / attr. du COD : *très réussi* b. *est, semble, est, ont jugé, est*

2 a., b. 1. ton argumentation / peu convaincante / On la jugera peu convaincante. 2. de ne pas trier ses déchets / inadmissible / Je trouve cela inadmissible. 3. l'héroïne de sa pièce *Cyrano de Bergerac* / Roxane / Edmond Rostand l'a appelée Roxane. 4. les candidats / nerveux / La proximité de l'épreuve les rend nerveux.

3 a. les caprices de la mode b. attr. du COD c. comment ils étaient habillés cet été, comment ils le seront cet hiver, combien il en coûte … à la mode d. *sa femme* : COD • *à la mode* : COI

4 a. est abritée par une haute montagne / Une haute montagne abrite Verrières… b. COD de *traverse*. c. Verrières est traversée par un torrent qui se précipite de la montagne, avant de se jeter dans le Doubs.

4 p. 10-11

1 a. Un soir / après avoir soupé en tête à tête / en tête à tête / au jardin, / par un très beau clair de lune b. Nous allâmes nous promener c. *Au fond de ce jardin* : lieu

2 1. temps • moyen 2. temps • accompagnement 3. lieu • lieu • cause • temps 4. opposition / concession 5. manière • but • conséquence • lieu 6. comparaison 7. condition

3 1. *interminablement* : adverbe • *dans le ciel chargé de nuages noirs* : GN 2. *Avant d'interpréter votre rôle* : groupe infinitif • *dès que le rideau se lèvera* : sub. conj.

4 a. à sa place, dans ce tiroir, au musée d'art contemporain, dans une chambre secrète b. La semaine prochaine, un jour

5 p. 12-13

1 a. b. *orchidée* → *sauvage* : épithète • *une espèce protégée* : apposition / *est menacée* → *elle* : sujet • *par le réchauffement climatique* : CA / *insectes* → *qui assurent sa pollinisation* : c. de l'ant. / *deviennent* → *les insectes… pollinisation* : sujet + *trop rares* : attr. du S.

2 1. apposition 2. c. du nom • CA 3. c. de l'ant., COD, COI, c. du superlatif 4. COD, attr. du COD

3 a. b. 1. *de nous*, c. du pronom 2. *à comprendre*, c. de l'adjectif 3. *que la première*, c. du comparatif 4. *de sa génération*, c. du superlatif

4 1. *Si leur emploi du temps le permet* : condition • *le vendredi soir*, temps • *chez l'un d'entre eux* : lieu • *pour discuter* : but • *avec entrain* : manière 2. *parce que … déroutant* : cause • *(si) que nous n'osons pas aborder le sujet avec lui* : conséquence • *avec lui* : accompagnement 3. *à la manière de La Bruyère* : comparaison • *malgré sa difficulté* : concession

6 p. 14-15

1 1. question • interrogatif 2. conseil • impératif (injonctif) 3. déclaration • déclaratif

2 Que fais-tu ? / Où vas-tu ? • As-tu lu ce livre en entier ? • Comment as-tu trouvé ce livre ?

3 interrogatif, déclaratif, impératif

4 1. négative / passive 2. négative / active 3. emphatique / passive 4. négative / impersonnelle / passive 5. impersonnelle / exclamative 6. emphatique / exclamative

5 Il n'est pas possible de garder son sérieux devant ses pitreries.

6 1. C'est Racine qui est… 2. C'est au Louvre que la pièce…

7 1. interrogatif • négative 2. impératif • négative • exclamative 3. interrogatif • passive

7 p. 16-17

1 a. Existe-t-il … un roman […] ? Peut-on … de M. Zola ? b. *Laquelle* : pronom • *Quelles* : déterminant • *D'où* : adverbe • *Qui* : pronom c. partielles

2 1. courant : *L'adjectif* romanesque *vient-il de roman ?* 2. familier : *Est-ce que tu connais un roman épistolaire ?*

3 1. *On ne distingue rien* : partielle 2. *Personne ne l'a trouvée* : partielle 3. *Il n'en reste plus* : totale 4. *Non, je ne parle pas japonais* : totale 5. *Je n'y vais jamais* : partielle

4 1. Vous ne pourrez ni flâner ni vous reposer. 2. La maison ne possède ni terrasse ni jardin. 3. Ne répondez ni à la question 6 ni à la question 7.

5 1. Ne retenons que les moments heureux. 2. On ne voyait qu'une étendue désertique.

8 p. 18-19

1 a. … est … à Lully / qui composèrent … la musique /. … fut ravi / et commanda … son prestige /. … est • participait b. les 2 dernières c. Elles n'ont qu'un seul noyau verbal : ce sont donc des phrases simples.

2 a. 1. : 2 / 2. : 3 / 3. : 1 b. phrase 3 c. 1. Les 2 prop. sont juxtaposées, séparées par une virgule.
2. Les 3 prop. sont coordonnées : reliées par les conj. de coord. *mais, et*.

3 a. 1. Une pièce de théâtre est divisée en actes qui sont eux-mêmes divisés en scènes 2. Savez-vous que dans … la salle ? / qui éclairaient la salle 3. En principe, on change de scène quand un personnage entre / ou quand il sort b. *quand un personnage entre ou quand il sort* : deux propositions subordonnées

4 1. *comment était le théâtre au temps de Molière* : interrogative indirecte 2. *afin que (pour que) tout soit terminé au coucher du soleil* : conjonctive 3. *combien il y a d'actes dans* Phèdre *de Racine* : interr. indirecte 4. *que donne l'auteur* : relative 5. *Quand un personnage s'adresse au public* : conjonctive • *sans que les autres personnages l'entendent* : conjonctive

9 p. 20-21

1 Esope qui était un fabuliste grec et qui vivait au VIe siècle avant J.-C. / de nombreuses fables dont s'est inspiré La Fontaine / des textes très courts que l'on se transmettait oralement / *fabula* qui signifie récit

2 a. *que le fleuve emporta* : c. de l'antécédent *chêne* • *qui êtes si faibles et si minces* : c. de l'antécédent *Vous* • *auxquels ils tiennent tête* : c. de l'antécédent *vents* • *où nous sommes nés* : c. de l'antécédent *lieu* b. Le vent déracina un chêne / Vous, pourquoi la violence du vent ne vous déracine-t-elle pas ? / Les chênes luttent contre les vents / nous demeurons enracinés au lieu

3 1. auxquels 2. qui, dont, où

4 *dont provient le nom* fable : c. de l'antéc. *fabula* • *dont* : COI de *provient* • *qui dénoncent les travers des gens* : c. de l'antéc. *récit* • *qui* : sujet de *dénoncent*

5 a. 2 et 4 b. Les phrases 2 et 4 sont les seules où *que* et *qui* sont des pronoms relatifs qui remplacent un antécédent : *crainte*, *celui*.

10 p. 22-23

1 a. b. 1. Les organisateurs prévoient que les inscriptions au concours seront nombreuses. 2. On annonce que les dates d'inscription seront prolongées. 3. Je redoute que l'épreuve soit difficile. 4. Mes parents souhaitent, bien sûr, que je réussisse.

2 2. que vous le connaissiez par cœur 3. que vous soyez convaincant 4. que vous devez … correcte • que votre vocabulaire doit être recherché.

3 1. combien de romans … Balzac → Combien de romans y a-t-il dans *La Comédie humaine* de Balzac ? 2. si tu les as tous lus → Les as-tu tous lus ? (Est-ce que tu…) 3. quel est le plus connu → Quel est le plus connu ?

4 1. si tu savais que Balzac avait été aussi journaliste et imprimeur 2. sous quel pseudonyme il a signé ses œuvres de jeunesse 3. où j'ai lu que Balzac avait créé plus de 2 000 personnages 4. ce qu'est la peau de chagrin qui a donné son nom à un roman.

5 1. dire où se trouve la médiathèque 2. Expliquez-moi comment on s'y rend 3. ignore à quelle heure elle ouvre 4. Savez-vous si on peut y consulter des vidéos 5. me demande quand est apparu le mot médiathèque.

11 p. 24-25

1 1. Parce qu'il avait le goût de l'aventure, il s'embarqua sur un paquebot. Il s'embarqua sur un paquebot, parce qu'il avait le goût de l'aventure. 2. Tu pourrais améliorer tes performances, si tu t'entraînais régulièrement. Si tu t'entraînais régulièrement, tu pourrais améliorer tes performances.

2 *quoiqu'elle eût grande envie de l'être*, concession • *comme on nous l'a dit*, comparaison • *si elle n'avait pas été mangée*, condition

3 1. *comme la nuit tombait*, temps 2. *comme l'aurait fait un avocat*, comparaison 3. *Comme elle est experte en informatique*, cause 4. *alors que le cours commençait*, temps 5. *alors que tu as un examen à préparer*, opposition/concession

4 1. lorsque (quand, au moment où) la nuit tombait 2. ainsi que l'aurait fait un avocat 3. Puisqu' (Parce qu')elle est experte en informatique 4. lorsque (quand, au moment où) le cours commençait 5. bien que tu aies un examen à préparer

5 a. Comme les théories de savants … avaient révolutionné les sciences, b. Le plan de l'ouvrage (étant) arrêté,

12 p. 26-27

1 1. *Par souci exagéré du détail*, GN 2. *Faute de présenter des liens logiques*, groupe infinitif 3. *Le livre n'étant plus réédité*, sub. partic. 4. *sous prétexte qu'elle est trop occupée*, sub. conj.

2 1. *à en perdre haleine*, groupe infinitif 2. *si … que chacun se mit à danser*, sub. conj. 3. *jusqu'à l'épuisement*, GN

3 a. Ces cours sont bien conçus : on comprend tout. b. On comprend tout car ces cours sont bien conçus. / Ces cours sont bien conçus, c'est pourquoi…

4 1. cause, sub. partic. 2. conséquence, sub. conj. 3. cause, indép. coordonnées 4. cause, sub. conj. 5. conséquence, indép. coordonnées

5 a. groupe infinitif b. 1. CC de conséquence 2. CC de but 3. CC de cause

6 a. *pour reprendre haleine* : groupe infinitif, CC de but • *pour pouvoir se calmer ainsi* : groupe infinitif, CC de conséquence b. *afin de donner … à diriger* : groupe infinitif, CC de but

13 p. 28-29

1 a. 1. *sans eau*, GN 2. *à moins d'avoir de l'eau*, groupe infinitif 3. *à condition d'avoir de l'eau*, groupe infinitif b. *On (ne) pourrait (pas) survivre dans le désert si on (n')avait (pas) de l'(d')eau.*

2 1. allez 2. n'aurait pas vécu 3. pouvais 4. visiterais

3 1. qui ne peut pas se réaliser 2. probable 3. qui n'a pas pu se réaliser 4. possible mais incertain

4 2 / 1

5 a. Au cas où le niveau des mers augmenterait, des îles disparaîtraient. b. Le niveau des mers augmentant, des îles disparaîtraient.

6 1. Si elle avait été plus grande, elle aurait fait du basket. 2. Si j'étais médecin, je soignerais des enfants en Afrique. 3. Si tu l'entendais parler, tu serais convaincu.

7 a. Moins sonore, cette salle serait plus propice au travail. b. Cette salle serait moins sonore, elle serait plus propice au travail.

14 p. 30-31

1 1, 4 / 2, 3

2 1. *excepté lui*, pronom 2. *Loin de rire à ses plaisanteries*, groupe infinitif 3. *sans déplaire à certains*, groupe infinitif 4. *en dépit de l'envie*, GN 5. *Hormis quelques contestataires*, GN 6. *À défaut du pardon*, GN

3 1. malgré mes ignorances et mon incompétence : bien que (quoique) je fusse ignorante et incompétente 2. malgré la trace sanglante de ton passage à côté de moi : quoique (bien que) ton passage à côté de moi ait laissé une trace sanglante

4 1. tandis que 2. sans que 3. Quand bien même 4. Quoique 5. Quoi qu'

5 1. or (pourtant) il neige 2. au contraire, elle est utile 3. mais (cependant, néanmoins…) il ne faut pas patiner.

15 p. 32-33

1 1. Contrairement 2. identique, diffère 3. avaient l'air 4. à la manière

2 a. b. c. 1. *aussi sensible, aussi patient, aussi tranquille que le cheval est fier, ardent, impétueux* / *que le cheval est fier, ardent, impétueux* : c. des compar. *aussi sensible, aussi patient, aussi tranquille* 2. *De toutes les pièces de Corneille* … *la plus célèbre* / *De toutes les pièces de Corneille* : c. du superl. la plus célèbre 3. *plus connu à l'étranger que Corneille* / *que Corneille* : c. du compar. *plus connu*

3 a. mots b. notes • a. musique / solfège b. parole / grammaire c. comme les notes, comme la parole a besoin de grammaire

4 a. L'onde était transparente ainsi qu'elle est aux plus beaux jours. Plus que me plaît le marbre dur me plaît l'ardoise fine. b. La comparaison sans verbe exprimé est plus concise, plus élégante et tout aussi claire.

5 1. comme l'arbre : comme s'il était un arbre 2. comme un songe : comme si c'était un songe

16 p. 34-35

1 1. pron. interr. • pron. relatif (*publicité*) 2. conj. de sub. 3. conj. de compar. 4. adverbe restrictif

Corrigés

2 a. *qu'* ne peut pas être remplacé par un nom. Ce n'est donc pas un pronom relatif. Il n'a aucune fonction, c'est une conj. de sub. b. *(plus terrible) que* : conj. de compar. • *que (Sisyphe)* : conj. de sub. • *(autant …) que* : conj. de compar.

3 Le 1er *que (qu')* : conj. de sub. qui introduit une sub. conj. Le 2e *que* se trouve à l'intérieur de cette sub. C'est un adverbe restrictif, associé à *ne*.

4 1. introduit une phrase injonctive 2. adverbe exclamatif

5 sub. relatives : *que la barque laissait derrière elle* • *que ma mère … du monde* / sub. conjonctives : *que la mer était phosphorescente* • *que le jeune homme se dérobe* • *qu'aucune objection vienne de leur fille*

6 1. *que vous ayez raison*, sub. conj., COD de *admettons* 2. *que vous avez ressentie*, sub. relative, c. de l'antécédent *impression* 3. *qu'ils vivaient un rêve*, sub. conj., c. du nom *sensation* 4. *Que la neige… abondance*, sub. conj., sujet de *paralyserait* 5. *Qu'un compromis… trouvé*, sub.conj., attribut du sujet *L'idéal*

17 p. 36-37

1 1. *prennes* : subj. 2. *négligez, soyez* : impér. 3. *courrais* : condit. 4. *avoir lu* : infin. 5. *En tenant* : gérondif

2 1. *avais fini*, plus-que-parfait • *restai*, passé simple 2. *eut annoncé*, passé antérieur • *fusèrent*, passé simple 3. *comprendrons*, futur • *aura passé*, futur antérieur 4. *sais*, présent • *ai mis*, passé composé • *croyais*, imparfait 5. *finit*, présent • *avez visitée*, passé composé

3 a. Mais le soleil descendit vers la mer, la transforma en métal, en verre opaque. b. Mais le soleil est descendu vers la mer, l'a transformée en métal, en verre opaque.

4 voix active : *sommes arrivés, sommes repartis, était devenue* • voix passive : *avait été divulguée, était enregistrée, fut maîtrisé* • verbes pronominaux : *s'est révélée, se sont aperçus, s'était dit*

5 ils ont été remarqués, elle eut été aimée, je serais découvert(e), avoir été compris, qu'elles aient été vues, soyez écouté(e)s, vous auriez été admiré(e)s, être lu

6 a. est (temps), arrive (qu'il) neige, est (impossible), reste, faut, tombe (de la grêle) b. se fait, se prépare, s'agit, arrive (qu'il) neige

18 p. 38-39

1 1. j'envoie et attends 2. nous essayions et parvenions 3. vous courrez et atteindrez 4. je ris et avouai 5. elle conclut et sortit 6. tu hais et rejettes 7. ils naquirent, vécurent et moururent 8. nous appuyions, clouions, enfoncions 9. tu verras et apprécieras 10. vous travailliez et créiez 11. je découvris et admirai

2 a. Je passerai, je monterai, j'arriverai, je verrai, je prendrai, je monterai b. Je passai, je montai, j'arrivai, je vis, je pris, je montai

3 Ils ont réfléchi, ont débattu puis se sont décidés. • Ils auront réfléchi, auront débattu puis se seront décidés. • Ils avaient réfléchi, avaient débattu puis s'étaient décidés. • Ils eurent réfléchi, eurent débattu puis se furent décidés.

4 a. au passé composé b. étaient nés, avaient disparu, avait vieilli, s'était endurci, était devenue / seront nés, auront disparu, aura vieilli, se sera endurci, sera devenue

19 p. 40-41

1 1. *faisons*, futur proche • *avons*, habitude 2. *naît*, récit au présent • *reçoit*, vérité générale

2 a. *Rien ne troublait … parlions-nous ?* imparfait b. *aujourd'hui* c. présent d'actualité

3 1. *donnerons*, promesse • *aurez*, fait situé dans l'avenir 2. *ferez*, ordre • *recevrez*, fait situé dans l'avenir

4 atteignit, formait, s'arrêta, agit (agissait), montrait

5 Elle ouvrit le journal et commença à lire, soudain, elle éclate de rire.

6 1. *eut immobilisé*, passé antérieur, action antérieure au passé simple *s'approcha*, aspect accompli 2. *aura provoqué*, futur antérieur, supposition 3. *ai attrapé*, passé composé, fait passé dont les conséquences durent.

20 p. 42-43

1 donne, différencie, remplaciez, appartienne, identifiiez

2 a. que je coure, que j'aie couru b. que je courusse, que j'eusse couru a. que tu t'enfuies, que tu te sois enfui(e) b. que tu t'enfuisses, que tu te fusses enfui(e) a. qu'elle retienne, qu'elle ait retenu b. qu'elle retînt, qu'elle eût retenu a. qu'ils croient, qu'ils aient cru b. qu'ils crussent, qu'ils eussent cru a. qu'il se souvienne, qu'il se soit souvenu b. qu'il se souvînt, qu'il se fût souvenu

3 indicatif : présent, *vous dites*, imparfait, *nous faisions*, passé simple, *nous lûmes*, passé antérieur, *il eut compris* • subjonctif : présent, *je prévoie*, imparfait, *elle avançât*, passé, *vous soyez allé(e)s*, plus-que-parfait, *ils eussent tenté*

4 *donne, paye* : indignation • *emploie, avance* : ordre

5 a. *que la marquise n'eût point voulu du château de Clagny* : c. d'adjectif exprimant un sentiment • *qu'on le démolît* : c. d'objet d'un verbe de volonté. b. Que la marquise n'eût (n'ait) point voulu du château…

21 p. 44-45

1 feraient, entreprendraient, prélèverait, reviendraient, travailleraient, *seraient sortis*

2 décollerait, auriez fini, aurait préféré, connaîtrait

3 1. *Tu serais Roméo et je serais Juliette.* (rêve) 2. *J'aurais dû t'écouter.* (regret) 3. *Si la curiosité intellectuelle n'existait pas, il n'y aurait pas de progrès scientifique.* (hypothèse)

4 a. ne l'estimeriez-vous pas insensé … qui n'en ont pas l'usage ? b. présent, conditionnel c. *aurait fait, aurait dérobé, aurait abandonné*, passé d. une hypothèse après une subordonnée de condition

5 1. Les envieux disaient que vous ne pourriez jamais y arriver. 2. On ne pouvait pas prévoir quand il aurait fini son discours.

6 seraient brisées, serait déchirée, serait ployé, faudrait / Il se dit, le misérable, que quand ses mains seront brisées de fatigue, quand sa soutane sera déchirée, quand ce plomb sera ployé, il faudra tomber, et l'épouvante le prend aux entrailles.

22 p. 46-47

1 1. se déroulait 2. se déroulera 3. s'était déroulée 4. s'est déroulée 5. se déroule 6. se déroulerait 7. se déroulait

2 se retourna, dit, voulait, ferait, était, parut, fut reçue, entendait (-dit)

3 fît, voie, rentrât, prennes, eussent compris

4 j'apprenais, avait, j'écrivais, prît, était, fallait, visse, avait

23 p. 48-49

1 a. 1 b. Vous êtes très en retard. Vous avez raté votre rendez-vous.

2 explicite : 1 • implicite : 2

3 1. a. Cette année, ce n'est plus le cas. b. Fais un effort. 2. a. Jusqu'à maintenant, je l'espérais. b. Je vous en prie, essayez de me comprendre.

4 Vous êtes responsable des agissements de votre fils, par la mauvaise éducation que vous lui avez donnée.

5 1. Il s'agit de la nuit intellectuelle qui entraîne la décadence de l'espèce humaine. 2. La nuit, comme refuge pour les rêveurs et les solitaires. 3. La nuit de la vie = la mort 4. Le domaine du mystère, de l'étrange, invisibles pendant le jour.

6 1. vaste étendue d'eau salée 2. *Homme libre, toujours tu chériras la mer!* (Baudelaire) mer = liberté 3. *Ô triste mer! sépulcre où tout semble vivant!* (Hugo) mer = danger mortel

7 simple/ naïf / limpide • surchargé / exhaustif / détaillé • sommaire / bref / concis

24 p. 50-51

1 a. b. c. – Allons-nous-en ! allons-nous-en, répétait-il. C'est bête de faire des imprudences.
– Puisqu'on te dit que la pêche est meilleure quand la mer monte ! répondait sa femme.
– Et elle monte ferme ! ajoutait à demi-voix Hector, les yeux allumés d'une lueur de méchanceté.
c. Elles sont à l'imparfait, à la 3e personne du singulier. Leur registre de langue est plus soutenu que celui des dialogues. Elles contiennent un verbe de parole dont le sujet est inversé.

2 1. que l'usage des téléphones mobiles était interdit. 2. ce qui allait se passer. 3. de commenter une scène de Corneille.

3 1. On ne comprend pas ce qu'il fait. 2. Je me demande où ils sont allés.

4 a. *si cela servait à quelque chose*, sub. interr. indir. • *que non*, sub. conj. elliptique • *que cela donnait confiance aux autres*, sub. conj. b. Le journaliste demanda : « Est-ce que cela sert (Cela sert-il...) à quelque chose ? » Tarrou répondit : « Non, mais cela donne confiance aux autres. »

5 Rivière disait parfois que ces hommes étaient heureux, parce qu'ils aimaient ce qu'ils faisaient, et qu'ils l'aimaient parce qu'il était dur.

6 Savait-elle quelque chose ? Madame avait-elle fait beaucoup de visites ? S'était-elle particulièrement arrêtée dans beaucoup de maisons ?
a. Quand il voyait Mlle Chuin, il l'interrogeait d'une voix brève : « Savez-vous quelque chose ? Madame a-t-elle fait beaucoup de visites ? S'est-elle particulièrement arrêtée dans certaines maisons ? » b. Quand il voyait Mlle Chuin, il lui demandait d'une voix brève si elle savait quelque chose, si Madame avait fait beaucoup de visites et si elle s'était particulièrement arrêtée dans certaines maisons.

25 p. 52-53

1 mais, Et, car, et (ne se) mais, En sorte qu', mais, et (ne peut), ou bien, c'est pourquoi, et (l'ennui)

2 1. addition : *de surcroît, en outre* • alternative : *option, ni... ni* • cause : *vu que, fondement* • conséquence : *découler, voilà pourquoi* • but : *en vue de, dessein, de manière à* 2. en supposant que, envisageable • néanmoins, au contraire, réfuter • reconnaître que

3 Grâce à, Mais, car, et, donc, puisque, puis, jusqu'

4 a. Partout où la vérité est indifférente ... indifférente aussi b. d'où il suit que • aussi • car

5 1. Si on cherchait mieux, on... / On trouverait une solution, à condition qu'on cherche mieux (en supposant qu'on..., en cherchant mieux...) 2. Elle mangeait avec lenteur car (parce qu') elle était économe / Elle était économe, voilà pourquoi elle mangeait avec lenteur.

26 p. 54

1 *laquelle* = dame • *lui, Il* = Babouc

2 *des miens* : pron. poss. = *de mes yeux* • *la mienne* : pron. poss. = *ma main* • *cela* : pron. démonstr. = ce qui précède, ce que voient les deux personnages

3 a. il, lui, il, il b. un rat mort : *la bête* (hyperonyme), *ce rat* (reprise du même nom avec un déterminant précis) / le concierge : *du vieux M. Michel* (périphrase apportant des précisions)

27 p. 55

1 Une jeune fille qui attendait des amis dehors, dans le noir, est soulagée de les voir enfin arriver. • Un grand-père exprime sa satisfaction et son affection en accueillant ses petits-enfants.

2 George Sand s'adresse à Gustave Flaubert pour l'informer du décès d'un ami. / *j', Hier soir, nous, je, avant-hier, nous, mon, demain, moi, Ma, je, Je*

3 *Aujourd'hui, m', Je, m', moi, Hier matin*

4 *la veille* • *chez lui* • *un instant plus tard* • *les leurs*

28 p. 56-57

1 a. moi. • sable ? • long. • relever. • Moreno ? • erreur. b. *Mais si...* : les points de suspension indiquent que la phrase est incomplète et prolongent l'affirmation, en appuyant, non sur des mots, mais sur l'intonation. *Vous êtes Jean Moreno...* : les points de suspension correspondent à une insinuation, donc à un non-dit. c. *Vous faites erreur.* (ou !), surprise, agacement, contrariété

2 Ah ! le vautour a mangé la colombe ; le loup a mangé le mouton ; le lion a dévoré le buffle aux cornes aiguës ; l'homme a tué le lion avec la flèche, avec le glaive, avec la poudre ; mais le Horla va faire de l'homme ce que nous avons fait du cheval et du bœuf : sa chose, son serviteur et sa nourriture, par la seule puissance de sa volonté.

3 Elle avait fait venir M. Lheureux et lui avait dit :
– J'aurais besoin d'un manteau, un grand manteau à long collet, doublé. (!)
– Vous partez en voyage ? demanda-t-il.
– Non ! mais..., qu'importe, (!) je compte sur vous, n'est-ce pas ? et vivement !

4 1. Brève explication qui éclaire un élément spécifique de la phrase 2. Il s'agit ici d'un ajout, d'une réflexion qui découle de la précédente

29 p. 58-59

1 les sanctuaires d'or s'évanouissent • La vieillesse et la mort détruisent

2 *était* : jardin • *pressaient* : qui (mis pour *murs*) • *faisaient* : murs • *coulait* : il • éclaboussait : buis • *bavait* : lierre

3 1. avons, sommes prêts 2. avez, êtes prêt(e)s 3. avons, sommes prêt(s)

4 *Comprend* s'accorde avec *on* • *s'écriait* s'accorde avec le sujet inversé *Feuilly* • *avaient promis, (avaient) fait, s'étaient engagés, sont, abandonnent* s'accordent avec les sujets *qui* dont l'antécédent est *ces hommes.*

5 1. ai 2. aides 3. signe, suis, ai 4. parlez

6 1. Les rides de son front ... du granit, le rendaient... • son cou brun et plissé se rattachait • un lacis de veines drues se tordait • agitait le tremblement habituel aux vieillards 2. la perspective de s'installer ... à Lille parut • avaient semblé les jours d'été au Mont-Noir

7 annonce, participe, contestent, expriment, pose, se projette, semble

30 p. 60-61

1 1. gazon écrasé, pelouse fauchée, versée 2. Elle arrivée, valise et sac déposés

2 hommes blessés, ceux ... chassés, les ... arrêtés, ils ... venus, les ... conduits

3 1. évertué(e)s, empressé(e)s, dit 2. succédé, départies

4 *levée, dirigée* : p. passés de v. pronominaux, s'accordent avec le COD placé avant le verbe (*s'*) • *allumé, choisi* : p. passés employés avec *avoir*, ne s'accordent ni avec le sujet, ni avec le COD placé après le verbe.

5 travaillé, me ... étendue, donné, m' ... blessée

6 1. reçu, reçu, tenu 2. intéressée, fréquenté, fait, représentée 3. offert, fait, accepté 4. fait, faits

Corrigés

31 p. 62-63

1 l'habitude, la hargne, l'hallucination, le hurlement, des constellations, d'innombrables…, des acteurs, de nouveaux…, au grand jour, aux yeux, Quelle atmosphère, quelles étranges…, Quels

2 a. cette halte, cet habitat • cette hantise, ce hasard • ce homard, ce hareng • cet hémisphère • ce tentacule, cet animal • cet herbage, cette herbe • cette haute tour, cet immense rempart • cet itinéraire, cette autoroute b. son heaume, son haubert, son armure, sa cotte, ses éperons

3 deux cents fois en vingt-quatre ans, puis cent vingt fois en quatre-vingts ans • trois mille quatre cent quatre-vingt-sept

4 choses inalliables • tempérament ardent • passions vives, impétueuses • idées lentes, embarrassées • lenteur jointe

5 une nature très ardente, un enthousiasme vif et impétueux, et des points de vue lents à naître, embarrassés et qui ne se présentent jamais qu'après coup.

6 ternes (nuages), venue (volée), décriés (bois), horribles (syllabes), inconnues (syllabes)

32 p. 64-65-66

1 C'est / s'est / ses / C'est / s'est / s'est / ces

2 C'est / s'est / s'est / s'est / ses

3 La critique du film, est-ce que tu l'as lue ? Oui je l'ai lue.

4 1. la / l'as / la / l'ai / les (autres) 2. la / la / la / l'as / l'ai

5 1. On, on n' 2. On n', On, on n' 3. On, On ne, On n'

6 1. Quand, qu'en, Quant 2. qu'en, quand 3. qu'en, quand 4. quand, quant, Qu'en

7 sans vice, sans lumières, d'en acquérir, sans imagination, sans goût, sans choix, sans discernement, d'en sortir, s'en apercevoir, dans sa graisse, dans ses ténèbres, sans avoir

8 tout étonnées, toutes calmes, tout heureuses, tout hésitantes, toutes humbles, toutes harassées, toutes souriantes

9 1. tous 2. tout 3. tout 4. Tous, tous

10 1. Quelques / Quelles que 2. quels que 3. Quelque 4. Quelque / Quelle que

11 1. Quoique 2. Quoi que 3. Quoi que 4. Quoique

12 les mêmes amis, eux-mêmes

34 p. 68-69

1 *in-* (préfixe) : sens négatif, *-aud-* (radical) : entendre, relatif à l'ouïe, *-ible* (suffixe) : possibilité → qu'on ne peut pas entendre ou qu'on entend mal • *inter-* (préfixe) : entre, *-disciplin-* (radical) : ici, domaine d'enseignement, matière scolaire, *-aire* (suffixe) sert à former un adjectif → qui se rapporte à des relations entre plusieurs disciplines

2 a. *commencement, réellement, mystérieusement* / nom • adverbe • adverbe b. *im/press/ion* c. transmettre / admettre, admission, admissible, permettre, permis, permission, permissif, commettre, soumettre, soumission, promettre, promesse, remettre, démettre, démission…

3 *clair* (adjectif) + *voyance* (nom) : faculté de « voir clair », c'est-à-dire avec lucidité, perspicacité • *contre* (préposition) + *enquête* (nom) : enquête destinée à vérifier les résultats d'une enquête précédente • *presque* (adverbe) + *île* (nom) : portion de terre se trouvant en pleine mer, mais qui n'est pas tout à fait une île, puisqu'elle est reliée au continent par une bande de terre.

4 *barque* : XIVe s., provençal • *rame* : XVe s., latin • *pluie* : 1080, latin • *rafale* : 1640, italien • *isba* : 1815, russe • *saule* : 1215, latin • *berge* : 1380, gaulois

5 *franglais* : langue où se mêlent le français et l'anglais ou l'américain. « Pourquoi utiliser ce franglais incompréhensible, alors qu'il existe des équivalents en français ? » • *adulescent* : jeune adulte dont le comportement est proche de celui d'un adolescent. « À plus de trente ans, mon oncle est un adulescent : il s'habille, parle et se distrait comme un adolescent. » • *écoresponsable* : dont le style de vie est conforme au respect de l'environnement. « Notre planète est en danger, chacun de nous doit se sentir écoresponsable. » • *biodégradable* : qui peut se décomposer et disparaître rapidement, sans dommage pour l'environnement. « En principe, seuls les emballages biodégradables sont autorisés. »

35 p. 70-71

1 *fac simile* : fait semblable, reproduction • *nec plus ultra* : ce qu'il y a de mieux, il n'y a pas mieux • *idem* : la même chose • *sine qua non* : condition sans laquelle il n'y a rien à faire • *ipso facto* : par le fait lui-même • *alibi* : preuve qu'on était ailleurs • *ultimatum* : dernier avertissement

2 *etc.* : et cetera (cætera), et tout le reste • *CV* : curriculum vitæ, parcours de la vie • *P.-S.* : post-scriptum, écrit après

3 vivre • espérer • sauter • science • honneur • étoile, constellation • nuit • école

4 captif • potion • ration • fragile • simuler • direct

5 biologie, biographie, autobiographie, chronomètre, démocratie, démographie, géographie, géologie, téléphone, microphone, cacophonie, orthographe, philosophie, morphologie…

6 diamètre, hypertrophie, hypotension, parapharmacie, sympathie

7 disparaître, dissocier, distinguer • dysfonctionnement, dysorthographie, dystopie…

8 a. théorie qui considère le soleil comme le centre de l'univers b. hélio- et -centrisme c. -centrisme (*centrum*) / helio- (*helios*, soleil)

9 auditif, inaudible, auditeur / acoustique, acouphènes • urbain, urbanisme, urbaniste / mégapole, acropole, police, politique • libraire, librairie / bibliothèque, bible, bibliobus • scribe, inscrire, inscription / graphie, graphique, graphologie • oculaire, monocle, oculiste / ophtalmique, ophtalmologiste • aquatique, aquarelle, aqueux / hydrique, hydrater • cirque, circulaire, circonférence / cycle, bicyclette, encyclopédie

36 p. 72-73

1 Son objectif est d'être sélectionné pour les jeux Olympiques. • Il existe différents types d'objectifs photographiques, selon l'effet recherché. • Tu dois te montrer impartial et faire un récit objectif des faits.

2 le bleu du ciel, un bleu au genou, des bleus à l'âme, un bleu de travail, un cordon bleu, un steak bleu, être fleur bleue, allez les Bleus !

3 feu, brûle, flatte, flamme, vent (dernier mot)

4 orgueil ou orgueilleux / très beau • ensorceler / séduire • supplicier / déranger • supporter / éprouver une douleur • stupéfier / surprendre • paysan / laid • faible / stupide • redoutable / sensationnel

5 a. superbe, gloire b. hauteur, élévation c. superflu, pauvreté

6 espoir, joie, amour, satisfaction, colère, tristesse, inquiétude, optimisme, pessimisme…

37 p. 74-75

1 1. de mœurs 2. d'analyse 3. épistolaire 4. d'apprentissage

2 *Robinson Crusoé* : aventures • *L'Assommoir* : naturaliste • *Mort sur le Nil* : policier • *Le Horla* : fantastique • *La Guerre des mondes* : science-fiction • *Bilbo le Hobbit* : heroic fantasy

3 1. autobiographie 2. mémoires 3. biographie 4. journal intime

4 auteur : Albert Camus • éditeur : Gallimard • personnage principal : Meursault • narrateur : Meursault

5 auteur : François-René de Chateaubriand • personnage principal : lui-même • narrateur : lui-même

6 1. interne 2. externe 3. omniscient

7 1. 1 • 2. 2

38 p. 76-77

1 C'est une méprise consistant à prendre une personne ou une chose pour une autre.

2 a. Le nœud est le point culminant de l'intrigue, le moment où la situation est compliquée (« nouée ») et son issue incertaine. b. dénouement • préfixe *dé-*, radical *-noue-*, suffixe *-ment* • Les fils de l'intrigue qui étaient emmêlés et noués se sont défaits. La situation est désormais claire.

3 Un *dialogue* est un échange de paroles (*logos*) entre (*dia*) deux ou plusieurs personnages. Un *monologue* est un discours (*logos*) qu'un personnage se tient à lui seul (*monos*).

4 Le mot *aparté* vient de deux éléments latins : le préfixe *a(d)-* : à, et le nom *pars, partis* : part, partie • traduction : « à part ». Le mot *didascalie* est formé sur le mot grec *didaskalia* (enseignement, instruction), formé sur le verbe *didaskein* (enseigner). Les didascalies sont des « instructions » données par l'auteur au metteur en scène et aux acteurs.

5 didascalies : *embarrassé, à part, (Haut.), à part, (Haut.)* • aparté : *C'est quelque fripon. Maudit vieillard !*

6 XVIIe : tragédie, tragi-comédie, comédie classique, comédie-ballet, *commedia dell'arte* • XVIIIe : comédie classique, drame bourgeois • XIXe : drame romantique, mélodrame, vaudeville, théâtre de boulevard • XXe et XXIe : théâtre de boulevard, théâtre de l'absurde, théâtre engagé

7 tragi-comédie • mélodrame

39 p. 78-79

1 4 • 6 • 12

2 décasyllabe, octosyllabe, alexandrin

3 Ce sont des vers libres, car leur mètre est irrégulier et ils ne riment pas.

4 *-mite* / *-mite* : féminines, riches, plates • *-as* / *-as* : masculines, pauvres, plates

5 allitérations : *qu-* • assonance : le son *i*

6 a. lune • -tait • -phins • pleurs b. le premier vers c. entre le 2e et le 3e d. La répétition très rythmée des sons *an* et consonne + *l* (*bl, gl*) évoque à la fois un bruit de sanglots et de glissements.

7 1. ballade 2. sonnet

8 Le mot *élégie* vient du grec *elegia*, désignant un chant de deuil. Une élégie est un poème lyrique d'inspiration mélancolique.

40 p. 80-81

1 1 et 2 ; 3

2 a. il n'y a point d'effet sans cause / Tout dans l'univers est le résultat d'une cause. Rien n'existe sans raison. b. tout est au mieux c. Il est démontré, disait-il, que les choses ne peuvent être autrement : car, tout étant fait pour une fin, tout est nécessairement pour la meilleure fin. d. les lunettes et les chausses e. Cette argumentation n'est pas convaincante. Elle est stupide, absurde, naïve, irréaliste…

3 a. Thème : *On peut parfois … l'inconscience de la mort.* Thèse : *Si on ignore la mort, il n'est pas possible d'apprécier le présent.* Arguments : *… immortel. / En imaginant…* b. Le prix à payer … nous ne pouvons plus ignorer. c. Je ne trouve pas que ce soit un prix exorbitant.

4 pamphlet, manifeste, réquisitoire, diatribe

5 a. puisque / il est clair que, c'est-à-dire, résulte, conséquences b. notion importante, base, d'où découle un raisonnement

41 p. 82-83

1 1. comparaison 2. métaphore 3. métaphore

2 a. la Nature b. la Nature, le printemps, les boutons de rose. c. Métaphore : *lace … leur corset de velours vert.*

3 antithèses : *générosité / avarice* • *aime / déteste* • *charmants / perfides* • oxymores : *jeune vieillard* • *Soleil noir*

4 1. métonymie, synecdoque 2. périphrase 3. antiphrase 4. euphémisme 5. litote

5 1. Je peux vous proposer une boisson, mais je n'ai que de l'eau d'Évian. 2. Les grenouilles 3. Tu es très maladroit 4. Il ne travaille plus, on l'a licencié (renvoyé). 5. Je connais ce visage (cette personne)

6 1. *manger pour vivre / vivre pour manger* : chiasme 2. *souffrir mille morts* : hyperbole 3. *Au ciel, au vent, au roc, à la nuit, à la brume* : accumulation 4. *Cœur / cœur / cœur / Cœur* : anaphore

Entraînement BAC p. 88-89

1 a. La première phrase est une phrase simple de type interrogatif. C'est une interrogation directe, totale, avec reprise du sujet par pronom personnel inversé, terminée par un point d'interrogation. La deuxième phrase est une phrase complexe, dont la première proposition est une subordonnée interrogative indirecte introduite par l'adverbe interrogatif *comment* et COD du verbe *dire* contenu dans la principale. b. On se demandait si ce Phileas Fogg était riche. Comment avait-il fait fortune ?

2 a. Elle est composée d'une principale *(Surtout ne manque pas de frapper au mur)*, complétée par une subordonnée conjonctive CC de condition, introduite par *si (si tu as besoin de quelque chose cette nuit)*. Cet ensemble principale-subordonnée est suivi de deux propositions indépendantes juxtaposées, chacune étant précédée d'une virgule. b. Surtout ne manque pas de frapper au mur si tu as besoin de quelque chose cette nuit car (en effet) mon lit est adossé au tien et la cloison est très mince. c. *D'ici un moment* : GN, CC de temps • *quand tu seras couché* : subordonnée conjonctive, CC de temps • *pour voir si nous nous comprenons bien* : groupe infinitif, CC de but • *bien* : adverbe, CC de manière. (Attention, la subordonnée introduite par *si* est une interrogative indirecte, COD.)

3 La plupart des noms contenus dans ce texte sont éclairés et complétés par une subordonnée relative. *qui suit* : subordonnée relative, complément de son antécédent *roman*, introduite par le pronom relatif *qui*, sujet de *suit* • *que je vais essayer de faire comprendre* : subordonnée relative, complément de son antécédent *idées*, introduite par le pronom relatif *que*, COD de *faire comprendre* • *que j'ai entrepris dans* Pierre et Jean : subordonnée relative, complément de son antécédent *genre (d'étude psychologique)*, introduite par le pronom relatif *que*, COD de *ai entrepris*

4 a. Il s'agit d'une phrase complexe : deux noyaux verbaux *(fournit, est)*, donc deux propositions. Elle est composée de deux propositions indépendantes juxtaposées, reliées par un point-virgule. b. Le patrimoine génétique ne fournit que les informations nécessaires à la construction d'un individu, mais (cependant) il est incapable de transformer cet individu, être vivant parmi d'autres, en une personne consciente de son existence. c. *Or, seule la mise en contact avec les autres, c'est-à-dire l'insertion dans un système éducatif, peut provoquer cette mue.* La locution adverbiale *ne… que* est remplacée par l'adjectif *seule*. Le verbe passif *(peut) être provoquée* ayant été mis à la voix active *([peut] provoquer)*, son sujet *cette mue* devient le COD de l'infinitif actif *provoquer* ; les compléments d'agent *par la mise en contact avec les autres* • *par l'insertion dans un système éducatif* deviennent le sujet de la phrase active.

5 a. *Quand (Dès qu') il fut parti, j'ai retrouvé le calme. Quand (Dès qu') il fut parti* : sub. conjonctive, CC de temps. / *Lui parti* est une subordonnée participiale, puisque son noyau verbal est le participe passé *parti*, mis pour *étant parti*, dont le sujet *(lui)* est différent de celui du verbe de la principale *(je)*. Comme toutes les subordonnées participiales, elle peut être remplacée par une subordonnée conjonctive. b. Comme j'étais épuisé, je me suis jeté sur ma couchette.

Les deux propositions indépendantes coordonnées par *et* sont remplacées par une principale et une subordonnée conjonctive CC de temps, introduite par la conjonction de subordination *comme*.

Tableaux de conjugaison

ÊTRE

INDICATIF

Présent	Passé composé	Passé simple	Passé antérieur
je suis	j' ai été	je fus	j' eus été
tu es	tu as été	tu fus	tu eus été
il (elle) est	il (elle) a été	il (elle) fut	il (elle) eut été
nous sommes	nous avons été	nous fûmes	nous eûmes été
vous êtes	vous avez été	vous fûtes	vous eûtes été
ils (elles) sont	ils (elles) ont été	ils (elles) furent	ils (elles) eurent été

Imparfait	Plus-que-parfait	Futur simple	Futur antérieur
j' étais	j' avais été	je serai	j' aurai été
tu étais	tu avais été	tu seras	tu auras été
il (elle) était	il (elle) avait été	il (elle) sera	il (elle) aura été
nous étions	nous avions été	nous serons	nous aurons été
vous étiez	vous aviez été	vous serez	vous aurez été
ils (elles) étaient	ils (elles) avaient été	ils (elles) seront	ils (elles) auront été

SUBJONCTIF Présent	SUBJONCTIF Passé	CONDITIONNEL Présent	CONDITIONNEL Passé
que je sois	que j' aie été	je serais	j' aurais été
que tu sois	que tu aies été	tu serais	tu aurais été
qu'il (elle) soit	qu'il (elle) ait été	il (elle) serait	il (elle) aurait été
que nous soyons	que nous ayons été	nous serions	nous aurions été
que vous soyez	que vous ayez été	vous seriez	vous auriez été
qu'ils (elles) soient	qu'ils (elles) aient été	ils (elles) seraient	ils (elles) auraient été

IMPÉRATIF	INFINITIF	PARTICIPE	GÉRONDIF
Présent	Présent	Présent	Présent
sois	être	étant	en étant
soyons	Passé	Passé	Passé
soyez	avoir été	(ayant) été	en ayant été

AVOIR

INDICATIF

Présent	Passé composé	Passé simple	Passé antérieur
j' ai	j' ai eu	j' eus	j' eus eu
tu as	tu as eu	tu eus	tu eus eu
il (elle) a	il (elle) a eu	il (elle) eut	il (elle) eut eu
nous avons	nous avons eu	nous eûmes	nous eûmes eu
vous avez	vous avez eu	vous eûtes	vous eûtes eu
ils (elles) ont	ils (elles) ont eu	ils (elles) eurent	ils (elles) eurent eu

Imparfait	Plus-que-parfait	Futur simple	Futur antérieur
j' avais	j' avais eu	j' aurai	j' aurai eu
tu avais	tu avais eu	tu auras	tu auras eu
il (elle) avait	il (elle) avait eu	il (elle) aura	il (elle) aura eu
nous avions	nous avions eu	nous aurons	nous aurons eu
vous aviez	vous aviez eu	vous aurez	vous aurez eu
ils (elles) avaient	ils (elles) avaient eu	ils (elles) auront	ils (elles) auront eu

SUBJONCTIF Présent	SUBJONCTIF Passé	CONDITIONNEL Présent	CONDITIONNEL Passé
que j' aie	que j' aie eu	j' aurais	j' aurais eu
que tu aies	que tu aies eu	tu aurais	tu aurais eu
qu'il (elle) ait	qu'il (elle) ait eu	il (elle) aurait	il (elle) aurait eu
que nous ayons	que nous ayons eu	nous aurions	nous aurions eu
que vous ayez	que vous ayez eu	vous auriez	vous auriez eu
qu'ils (elles) aient	qu'ils (elles) aient eu	ils (elles) auraient	ils (elles) auraient eu

IMPÉRATIF	INFINITIF	PARTICIPE	GÉRONDIF
Présent	Présent	Présent	Présent
aie	avoir	ayant	en ayant
ayons	Passé	Passé	Passé
ayez	avoir eu	(ayant) eu	en ayant eu

1er groupe — CHANTER

INDICATIF

Présent	Passé composé	Passé simple	Passé antérieur
je chante	j' ai chanté	je chantai	j' eus chanté
tu chantes	tu as chanté	tu chantas	tu eus chanté
il (elle) chante	il (elle) a chanté	il (elle) chanta	il (elle) eut chanté
nous chantons	nous avons chanté	nous chantâmes	nous eûmes chanté
vous chantez	vous avez chanté	vous chantâtes	vous eûtes chanté
ils (elles) chantent	ils (elles) ont chanté	ils (elles) chantèrent	ils (elles) eurent chanté

Imparfait	Plus-que-parfait	Futur simple	Futur antérieur
je chantais	j' avais chanté	je chanterai	j' aurai chanté
tu chantais	tu avais chanté	tu chanteras	tu auras chanté
il (elle) chantait	il (elle) avait chanté	il (elle) chantera	il (elle) aura chanté
nous chantions	nous avions chanté	nous chanterons	nous aurons chanté
vous chantiez	vous aviez chanté	vous chanterez	vous aurez chanté
ils (elles) chantaient	ils (elles) avaient chanté	ils (elles) chanteront	ils (elles) auront chanté

SUBJONCTIF Présent	SUBJONCTIF Passé	CONDITIONNEL Présent	CONDITIONNEL Passé
que je chante	que j' aie chanté	je chanterais	j' aurais chanté
que tu chantes	que tu aies chanté	tu chanterais	tu aurais chanté
qu'il (elle) chante	qu'il (elle) ait chanté	il (elle) chanterait	il (elle) aurait chanté
que nous chantions	que nous ayons chanté	nous chanterions	nous aurions chanté
que vous chantiez	que vous ayez chanté	vous chanteriez	vous auriez chanté
qu'ils (elles) chantent	qu'ils (elles) aient chanté	ils (elles) chanteraient	ils (elles) auraient chanté

IMPÉRATIF	INFINITIF	PARTICIPE	GÉRONDIF
Présent	Présent	Présent	Présent
chante	chanter	chantant	en chantant
chantons	Passé	Passé	Passé
chantez	avoir chanté	(ayant) chanté	en ayant chanté

2e groupe — FINIR

INDICATIF

Présent	Passé composé	Passé simple	Passé antérieur
je finis	j' ai fini	je finis	j' eus fini
tu finis	tu as fini	tu finis	tu eus fini
il (elle) finit	il (elle) a fini	il (elle) finit	il (elle) eut fini
nous finissons	nous avons fini	nous finîmes	nous eûmes fini
vous finissez	vous avez fini	vous finîtes	vous eûtes fini
ils (elles) finissent	ils (elles) ont fini	ils (elles) finirent	ils (elles) eurent fini

Imparfait	Plus-que-parfait	Futur simple	Futur antérieur
je finissais	j' avais fini	je finirai	j' aurai fini
tu finissais	tu avais fini	tu finiras	tu auras fini
il (elle) finissait	il (elle) avait fini	il (elle) finira	il (elle) aura fini
nous finissions	nous avions fini	nous finirons	nous aurons fini
vous finissiez	vous aviez fini	vous finirez	vous aurez fini
ils (elles) finissaient	ils (elles) avaient fini	ils (elles) finiront	ils (elles) auront fini

SUBJONCTIF Présent	SUBJONCTIF Passé	CONDITIONNEL Présent	CONDITIONNEL Passé
que je finisse	que j' aie fini	je finirais	j' aurais fini
que tu finisses	que tu aies fini	tu finirais	tu aurais fini
qu'il (elle) finisse	qu'il (elle) ait fini	il (elle) finirait	il (elle) aurait fini
que nous finissions	que nous ayons fini	nous finirions	nous aurions fini
que vous finissiez	que vous ayez fini	vous finiriez	vous auriez fini
qu'ils (elles) finissent	qu'ils (elles) aient fini	ils (elles) finiraient	ils (elles) auraient fini

IMPÉRATIF	INFINITIF	PARTICIPE	GÉRONDIF
Présent	Présent	Présent	Présent
finis	finir	finissant	en finissant
finissons	Passé	Passé	Passé
finissez	avoir fini	(ayant) fini	en ayant fini